马老师的作文课系列

不头疼的故事
作文课 乘风卷

马翼翔 著

北京师范大学出版集团
BEIJING NORMAL UNIVERSITY PUBLISHING GROUP
北京师范大学出版社

图书在版编目（CIP）数据

不头疼的故事作文课. 乘风卷 / 马翼翔著. —— 北京 ：
北京师范大学出版社，2025. 1. —— (马老师的作文课系列).
—— ISBN 978-7-303-30294-9

Ⅰ．G624.243

中国国家版本馆CIP数据核字第2024F1H700号

营 销 中 心 电 话　　010-58808083
家教和少儿科普事业部　　010-58806648

BU TOUTENG DE GUSHI ZUOWENKE CHENGFENGJUAN

出版发行：北京师范大学出版社 www.bnupg.com
　　　　　北京市西城区新街口外大街12-3号
　　　　　邮政编码：100088
印　　刷：鸿博睿特（天津）印刷科技有限公司
经　　销：全国新华书店
开　　本：889 mm×1194 mm　1/24
印　　张：9
字　　数：155千字
版　　次：2025年1月第1版
印　　次：2025年1月第1次印刷
定　　价：59.80元

策划编辑：曹　敏　王　芳　　责任编辑：王　芳
美术编辑：袁　麟　　　　　　　装帧设计：袁　麟　敖省林
责任校对：丁念慈　　　　　　　责任印制：李汝星

序

　　21、87、67、42，我这个人对数字特别不敏感，能够记得这些数字的原因是数字背后的故事。这是我高考时各科的成绩，这里面有很好玩的故事，这几个数字改变了我的命运，所以过了二十几年我依然记得很清楚。

　　人生就是由一段一段故事组成的，我们每走过一段路，总会留下这样或那样的故事。一个失忆的人甚至可以说就没有人生，同样，一个没有故事的人也可以说就没有人生。哪里有没有故事的人？只有不会讲故事的人。

　　我们的小学作文体裁基本上就是记叙文，记什么、叙什么呢？就是记叙你的生活。把自己的一段人生经历记下来，不管是好玩的还是忧伤的，都是自己的人生。等你长大了，你的这一段人生就记载在作文本里，拿出来看看，你肯定会笑。再过些年，你还会感慨，原来那时的我是那个样子的，为什么我现在变成了这个样子？

在教学中，我特别强调孩子要会讲故事。一个会讲故事的人，是一个更加善于捕捉生活中细小瞬间的人，是一个敏感的人。讲故事还需要选取故事中重要的部分来讲，这样就锻炼了总结、分析的能力。讲故事还需要丰富的想象力，在讲故事的过程中一定会不自觉地添油加醋，这样故事才有趣。故事写得有趣，你也是一个有趣的人。一个有趣的人，人生差不了。

讲故事是讲给别人听，这同时也是一个和他人沟通的过程。讲故事的同时也要表达自己的情感，学会把自己的心里话说出来，这比憋在心里好。你有什么需要、什么诉求，都可以提出来。提出来还要说明白，就锻炼了表达能力。提出来看看有没有解决的办法，就算很多事情暂时是无法解决的，你说出来了，心理负担就小了，也算是一种心理疏导。现在孩子的压力大，总得有个发泄的渠道吧！写出来就是个很好的减压方式。

故事不全是事实，可是故事却更容易拉近人与人之间的距离。因为一个故事是有感情因素在里面的，听故事的人更加容易和讲故事的人产生共鸣。一篇能够在情感上打动阅卷老师的记叙文，高考时得高分的可能性甚至比一篇有思想、有逻辑的议论文更高。为什么那些民间传说比科学更加让孩子着迷呢？科学有很强的理性，而故事却有无限的可能性。当我第一次知道月亮上面没有嫦娥的时候，心里是多么失望啊。

基于以上观点，我非常反对作文教学过度追求所谓的"好词好句"。讲故事就是口语表达，过多的修辞会降低故事本身的吸引力。语言的"美"有很多种，口语有一种单纯、直率的美，孩子更善于运用，对他们来说使用起来没有压力。在写作中如果可以抛开所谓的"好词好句"的限制，叙述会更加流畅，有利于讲好一个故事。

作文教学中还有一个不好的现象，就是在"主题"上一定要写所谓的"正能量"。"正能量"只有一面哪，就是正面。只有一面的东西多单调哇，为什么不能多看几面呢？世界上有正就有负，没有了负也就没有了正。"正"是和"负"对比出来的，不写"负"的，"负"就不存在吗？不符合实事求是的观点嘛。这不利于孩子认识世界、了解世界，因为世界就是五花八门、热闹非常的。不是说一定要写"负能量"，当然可以写积极向上的内容，可是小小的不满不是也有利于疏导负面情绪吗？

这本书里写了我个人的几个小故事，在给孩子们讲故事的同时也告诉孩子们我是怎么写这些故事的、为什么要这么写、讲故事的技巧有哪些，从而让孩子们学会写作文。别忘了，比学会写作文更加重要的是学会讲故事。在教学中，孩子们也给我讲了很多他们的故事。我的《画说作文》里面的故事没有一个是我编的，都是孩子们的故事。

在社交场合，一个会讲笑话的人是不是会给人留下更加深刻的印象？和新朋友在一起的时候，如果你能够讲一个好玩的故事，是不是马上就拉近了彼此的距离？晚上临睡前，如果你能抱着孩子讲一个美妙的故事，是不是会在孩子心里激起幻想的涟漪？如果你故事讲得很好，是不是可以拍成一个电影，给很多很多人带来欢乐？

希望孩子们能从我画的故事里找到写作的源泉，发现生活的乐趣，也希望大朋友和小朋友们都能发掘身边的趣事，相信有一天你也能讲给马老师听。

作者：

　　马翼翔，男，导演、作家、画家、教师、放牛班作文创始人、老民国课本公益课堂创办人。著有《画说作文》《麻辣老师的花样作文课》。

目 录

第一章
猫咪，妈咪
学会讲故事

1. 马兰花是猫咪"跟踪狂"。

2. 即使上学要来不及了，看见猫咪也要追。

3. 终于有一天……

4. 马兰花回到家，怀里抱着一只小猫。

猫 毛

它先……

然后，又……

5. 这个阿咪来了之后，家里发生了翻天覆地的变化。

6. 让我最不能忍受的是……

看你怎么考的，这样不用心，天天就知道玩，玩猫丧志！

7. 有一天……

8. 这时候……

3

9. 我拿出"打猫棍儿"命令阿咪不要再挠沙发了。这家伙今天不知道吃错什么药了，看我一眼，不但没有收敛，转身变本加厉，视我如无物。

10. 平时我都是威慑下算了，今天我也不知道从哪儿来了一股邪火……

11. 马兰花和妈妈从屋里跑出来了。

你怎么它了？

它怎么这样叫？

12. 她俩纷纷指责我。我也很担心，检查了下，还好，只是鼻子破了点儿皮。

妈咪！

宝贝乖，会叫妈妈，不要理爸爸，爸爸是坏人，挠他！

叫姐姐！

13. 就在这时，奇迹出现了，只听阿咪清晰而又哀怨地说道……

14. 一听阿咪会叫"妈咪"了，马兰花妈妈更是既心疼又欣喜。这会儿阿咪俨然成了明星，家里所有人都围着它嘘寒问暖。

阿咪！

阿咪！

15. 第二天晚上回家，开始还没感觉出什么，后来觉得走路没有东西在脚下窜来窜去不太习惯，才发现阿咪不见了。

16. 我们在家里翻箱倒柜，里里外外喊了个遍，也没有发现阿咪的影子。她们又一致地指责我，说阿咪忍受不了我的霸凌跳楼了。我说不可能，肯定是中午谁回家没关门，阿咪跑出去了。

刚给你买的猫粮，你没了，谁吃呀？我吃呀？

喵喵喵

17. 回到家里，只见马兰花坐在地上，抱着阿咪的饭盆边哭边说："刚给你买的猫粮，你没了，谁吃呀？我吃呀？"我看得又难过又好笑。可就是我，吃饭的时候没有吃出猫毛，也觉得饭菜不香了。

18. 我做梦都能听到阿咪的叫声。早上睁开眼睛，不对，不是梦，好像真的是阿咪的叫声。

喵！

19. 我一骨碌爬起来，跑到阳台上往下一看，只见阿咪正在我家楼下的棚子上仰着头叫呢。

20. 我们连忙跑下去，找了半天，在我家后院的一个棚子上找到了徘徊的阿咪。我喊："阿咪，回来。"阿咪看我一眼，转身就走了。最后还是马兰花妈妈把阿咪喊了回来。

21. 两个人抱着阿咪又亲又咬，宛若迎接失散多年的亲人。我虽然没说什么，还是去超市买了它最喜欢吃的小鱼零食。

22. 晚上，梦里，客厅里灯火辉煌，阿咪从黑暗中走过来，来到我身边，看着我说道："爹爹——"

老师也会错

了大大的一团，都可以织一件猫毛毛衣了。

听了这个故事，很多小朋友都笑了，但是却有一个小朋友哭了。她说老师你家的阿咪多可爱呀，你为什么要打它呢？

可是，就算是这样，你能说如果自己家的孩子犯了这样那样的错误就要打他吗？或者不想养的时候就送给别人，要不就直接扔在大街上吗？这样做肯定是不对的。一个小动物，当我们决定要收养它的时候，它其实就是我们家庭的一员了，我们要从心底里爱护它，就像爱自己的孩子或者妈妈一样。就算它会给我们带来很多的麻烦，但是我们也要想一想它曾经带给我们的快乐。

是啊，听了这个同学的话，我很惭愧。猫咪小的时候是很麻烦，比如它要吃奶，家里都是浓重的奶腥味，每次回家我都要屏住呼吸，半天才能适应。家里的床上、地板上、衣服上都是猫毛，我在捡猫毛的时候竟然弄

不要像我一样，还没有做好收养一只猫咪的准备就抱着先试试看的想法来养一只小猫咪，结果就犯了这样的错误。老师呢，也是普通人，也会犯错。那么就请你们和阿咪一起原谅老师吧，我保证以后再也不这样对待阿咪了。

写给阿咪的道歉信

　　亲爱的阿咪，我这样对待你真是不好。一想起我做的事情我心里就很难过，我有很多的事情对不起你。冬天的时候我不让你进卧室，因为我怕你会跑到我的床上来，可是想想你一个人在客厅里多孤单呀。还有上次我们去旅游没有带你，你一个人在家里好几天。当我打开门的时候，你那么迫切地想要来到我身边，差点儿从阁楼上跳下来。看着你的样子，我真的很难过。

　　我保证以后都对你好，马上就去给你买你爱吃的小鱼零食，我们和好吧！

所谓"听故事学作文"呢，就是我来讲一个故事，然后告诉你们这个故事是怎么写出来的，我们根据这个故事学到了哪些写作方法。

那么首先，我要问一下：我家的阿咪是什么颜色的？不要翻书呀，要靠你的记忆来回答呀，我看看谁的脑袋瓜最好使。

胖炳："好像是褐色的花纹吧。"

马兰花："不对，是灰色的，我家的猫咪我最知道。"

当你斩钉截铁或者吞吞吐吐地回答了这个问题之后，你就可以翻书了。迷惘了吧？它开始是灰色的，怎么后来又变成了褐色？难道我家的阿咪是变色的？当然不是。我这样画是想告诉你：无论是写人、写小动物还是写一件物品——比如你的铅笔盒，最不重要的就是外貌描写。

阿乙："啊！外貌描写最不重要吗？我还以为最重要呢。"

是的，最不重要。比如写到小兔子，统一都是"红红的眼睛三瓣嘴，长长的耳朵四条腿"。小兔子都长一样，有什么可写的呢？除非你家的兔子长翅膀，那你就要好好写写了。也就是说，如果你非要写外貌的话，只需要写出他（它）最与众不同的特点来。如果有这样的特点就写，没有就可写可不写了。

那么，如果外貌不重要，什么重

要呢？刚刚看过的这个故事中，我主要写的是什么呢？

张甲学：主要写的是你和小猫咪之间的故事。

对了，是故事。作文最重要的是学会写故事。其实没有什么写景文、状物文、写人文，只有一种，就是记叙文，也叫"记事文"。就算写你的铅笔盒，也

上回书说到，那个安娜卡列尼娜……

托尔斯泰说书

要写你和铅笔盒之间的故事。

胖炳：老师，铅笔盒能有什么故事呀？

有呀，你这个铅笔盒是怎么得来的呀？

胖炳：对了，是我上次考试考得好，妈妈奖励我一个汉堡包和一个铅笔盒。

嗯，学会写事一切 OK，小学有记叙文，初中有记叙文，高考文体不限，你还是可以写记叙文。其实我们的人生就是由一段一段的小故事穿起来的，如果没有了这些故事，那么我们就变得像白纸一样苍白了。学会了写事儿，把自己生活中的点点滴滴都记录下来，也算对得起这唯一美好的童年了。等你长大的时候拿起这些故事来看看，你童年的一部分就封存在

这些文字之中。

==所以说，学会"写事儿"是王道。==

刚刚说了作文就是讲故事，但是你想想，你讲什么样的事情听众才喜欢听呢？为什么有的人讲的故事就是不能吸引人呢？换句话说，你觉得这个故事哪里吸引了你呢？

阿乙：这个故事好玩。

对，只有好玩的事情人家才喜欢听。所以，==讲故事的第一原则就是故事要有趣或者精彩。==如果我就讲阿咪每天都是定点吃饭喝水，然后睡觉，睡醒了再吃饭再喝水，像记流水账一样，那么谁有兴趣看一只猫咪每天的直播呢？会讲故事的人会下意识地找到给人深刻印象的事情来讲。你看，这个阿咪和我一起生活了这么长时间，我是不是不需要事无巨细地都写下

来？应该是找出来那些有趣、难忘的时刻来写。

那么怎么才能写出有趣的事情呢？一个会讲故事的人，会自觉地挑那些让人发笑的事情来讲。你要是这样一个孩子，那么恭喜你，你就进入"有趣俱乐部"了。你可以骄傲地说："我是个有趣的人！"告诉你呀，这可是个了不起的称号。你要知道，这个世界上到处都是无趣的人，你能够想出一个有趣的人都难。成为一个有趣的人是一种人生态度，没人喜欢整天板着脸的家伙。==作为一个有趣的人，一定会有很多朋友。一个有很多朋友的人，他的人生肯定差不了。==

作文：《我的×××》

1. 写出我和小动物之间的故事，故事最好好玩或者难忘，总之要能够吸引人。

2. 如果从来没有养过宠物的话，也可以写一个人，比如《我的好朋友》。写人和写动物一样，都需要找到你们之间发生的好玩的、难忘的事情来写。

我的小鸡

力学小学 王皓蕴

还记得那一天，妈妈给我买了三只小鸡。我分别给它们起了名字，小的叫"路滴"，适中的叫"路云"，最大的叫"路奇"！

这里面，路奇最调皮，要不是我把它们三个关在阳台里，我家早就成了鸡屎的天堂。不过，从那以后，我再也没见过路滴了……我一听到它去世的消息，就连滚带爬地上了楼，抱着它的尸体，哇哇大哭。妈妈安慰我说："不要哭，不哭了，还有两只小鸡陪着你呢。"我想想，也是，还有两只小家伙陪着我呢！接着，我就把它下了葬！看着它紧闭的眼睛，我暗暗地想："路滴，下辈子若是有缘，你能再陪我玩吗？"

回到家，我小心照顾着两只小鸡，把它们养得白白胖胖的，可好景不长，没过几天路奇也死了……我哭得更伤心了！当时，我爬楼梯的时候，跌了一跤，我心急得都感觉不到小石子在硌我的手。

后来，我实在不想看到小鸡死的样子，还是把最后的路云送人了。

点评

写得很有感情，写作其实没什么技巧，只要有感情，用心写作就好了。

我的狗狗朋友

莫愁路小学　吴欣桐

　　我六岁时，妈妈捡回来了一只小狗，我和妈妈给他取名叫 QQ，我刚把 QQ 抱到厨房，想让婆婆知道这件事，婆婆一看到小狗 QQ 就说："你干什么，捡来一只臭狗，不许养！"我和妈妈给小狗求情，婆婆才勉强答应。

　　第二天，我、婆婆、妈妈都发现地板上有一道道爪印。婆婆去买了一瓶防地板有爪印的东西擦在地板上。小狗 QQ 看见了，十分好奇，它走在地板上，可是只听"嗖"的一声，小狗从厨房滑到了阳台，四脚朝天，好容易站起来又摔倒，那样子，逗得婆婆和妈妈都笑了。我才睡醒，听见了妈妈和婆婆的笑声就问怎么了，妈妈拍了视频给我看，我也笑了。

　　婆婆看到小狗这么可爱，也慢慢地喜欢上了小狗 QQ。

点评

　　就写了一件有趣的事，多好，简单。写长了就好吗？无聊的文字，多一个字都让人不想看。

讨厌的蚕

无名氏小朋友

　　我特、特（此处省略 N 个特）别不喜欢蚕，可是老师非让我们养软软的像蛆一样的蚕，太可怕了！

　　在妈妈把蚕带回来的那天晚上，我做了一个梦，梦到蚕爬到我的脸上。啊！我醒了过来。在学校的时候大家都在说蚕怎么好，我却一个字都没说。

　　回到家后，吃完饭，到喂蚕的时候了，我脸色苍白，像死人一样。妈妈却亲切地对蚕说："宝贝，你饿了吧，来，吃饭。"蚕像听懂妈妈的话一样，爬到妈妈手上开始吃桑叶，那"咔嚓咔嚓"的声音被放大，感觉像在啃着我的骨头。妈妈拿起一只蚕做出要放到我脸上的动作，我吓得一转身就跑，"砰"！我撞到了门上，痛死我了。

　　我八辈子都不想看蚕了！

点评

　　不一定非得写喜欢，只要写出真实的感受就行。有的人就是不喜欢猫呀狗的，难道还要强迫人家喜欢吗？如果不喜欢，就写不喜欢的感觉。这篇作文写得多好，看得人毛骨悚然。

我养过一只小鸟

游府西街小学　王乐庸

那只鸟身上有红黄蓝三色，两只爪子小巧玲珑，两只眼睛炯炯有神，令我非常喜爱。

一次爸爸下班告诉我："快把那只鸟放掉吧！最近有禽流感！""不！"我意志坚定地回答。而爸爸说："你把它放了再买一只不就是了。不放它说不定有个三长两短……"我心软了，望向它，眼里充满了悲伤。它好像想安慰我，轻轻地在我手上啄了两下。

我慢慢地把它从笼子里拿出来，把它往窗子边推了推。它用充满迷茫的眼神望着我，我点了点头，它先在空中划出一道优美的弧线，然后飞向那万里无云的蓝天。我心里诅咒着："无情的蓝天啊，你为什么偏偏在别人分离的时候变得那么蓝呢！"

一天夜里，我梦见我看到有四只鸟在我的窗前"咕咕咕"地叫。我刚刚把手伸过去，它们就跑了。我好想再看它一眼，一眼都行。

思　念

南外仙林小学　杨书韵

　　有一天，我去了水族馆，看到了许多小乌龟，我就想起了那只我童年养过的乌龟。

　　在水族馆乌龟区，我看到一只和我的那只特别像的乌龟。我的幻觉让我感觉那就是我的乌龟，我看着那只背上有绿黑斑点相间壳儿的乌龟，心里便想起它来，要不是我喂它肉，它能长这么大吗？脑海里想着想着就浮现出一幅幅我和它一起玩的景象。

　　当我回过神来的时候，我才记起来，我的那只乌龟早就上天堂了。这更让我心里一阵阵难过，都快哭出来了。

　　"要是我能再和它待几年也好啊！原来它还在我家的时候，我家还是有个小动物的，可它现在上天堂了，我家里就没有小动物了，我再也没有看过小乌龟了。"我小声嘀咕着。

　　那天晚上，我看着我家阳台上那空空的水缸，心里埋怨起来，为什么别人家都有小动物，而我家没有！

　　我正这样想着，妈妈就叫我上床睡觉了。

狗狗闹翻天

成贤街小学　刘若怡

　　我家有一只宠物，其实确切地说，应该是我家有一群宠物。有猫，母的；有狗，公的；还有一只八哥，具体性别不明确。因此，我家发生过许多奇葩事。

　　A 故事：我家的猫和狗青梅竹马，晚上睡觉，睡着睡着就抱到一起去了。妈妈担心它们语言不通、产生误会，就给它们一"人"做了一个小房子。刚开始还好好的，从第四天开始，每天早晨叫它们的时候就会发现，要么是猫跑到狗窝里去了，要么是狗跑到猫窝里去了，反正就是拉也拉不开。它俩抱在一起亲密的样子真是憨态可掬，我真想把它们那可爱的样子拍下来。

　　B 故事：有一天晚上妈妈突然异想天开，给我做了一盆土豆烧牛肉，我觉得太烫了，放在床头柜上就睡觉了，早上起来我发现盆里就剩土豆了，连一点儿牛肉渣都没留给我，再往旁边一看，那只猫撑着圆得跟球一样的大肚皮在打呼噜，它那懒洋洋的模样真令我哭笑不得。

　　以上就是我家宠物的趣事，欲问详情，请来我家参观！

我可怜的小仓鼠

五老村小学　赵子豪

今天我的小仓鼠死掉了，我非常伤心。

我就呆呆地望着它，像它一样，动不了了。我就这样一直望着它，望了半个多小时，我才回过神来，快速地跑到房间里，哭了好一会儿，我下面的床单、被子都湿了。

我捧着它，在房间里，希望它活过来，我拿给它最爱吃的食物它也不吃，我拿给它最爱玩的玩具它也不玩，我把它放回去，又到床上哭了好一会儿。

到了吃中饭的时候，我简直不知道自己在做什么，要捡土豆条，捡 12 根掉 9 根，饭吃得满身满桌满地都是。

下午写作业的时候，把 dog 写成 bad，把 150÷30 算成 20；听写的时候，把"肆无忌惮"写成"四五鸡蛋"，把"逃跑"写成"挑跳"。

晚上回家，我无精打采，像一个生鸡蛋被打碎了一样。

睡觉时，我都在想：啊！小仓鼠，你能不能活过来啊！

金眼睛

何为"金眼睛"

　　"金眼睛"就是一个写作素材积累本，你只要记录下发生在你身边的事情，长短不限、题材不限、体裁不限、内容不限。总之，写什么都行。但只能是你亲身经历的事情，而不能是从书籍、报纸、杂志、电视或网络上摘抄的。

　　其实这个功课不仅仅是为了写作文，等你长大的时候，如果哪天一不小心翻到这个"金眼睛"本子，看见自己小时候的趣事，会不会笑起来呢？"金眼睛"也会留给你一份童年的回忆。

进 错 门

琅琊路小学 谢雨晨

今天出了一个丑，恨不得把地球切成两半。

开学第一天，我穿着妈妈给我新买的长裙，散着乌黑亮丽的头发，穿着黑色的小皮鞋，进入了校园。刚进入校园的第一步我就感受到春天的气息，鸟儿在树上叽叽喳喳地叫，同学们在笑，真美好呀！

以前我上二年级时在一楼，可上了三年级，就变成了二楼，不知怎么回事，我就习惯性地走到了一楼，进了二（2）班。我刚进去，发现班里都是我不认识的人，而且在我的座位上还有一个陌生的小女孩，所有的同学都用奇怪的眼神看着我，我在门口愣了半天，感觉像过了一年。我突然意识到什么，赶紧走出了教室，抬头才发现门上写着二（2）班，吓得我出了一身冷汗，囧得我脸红成苹果。这时，正好也有一个同学要进来，我连忙拉住她说："这里是二（2）班！"

回到真正的教室时，我才发现，好多同学都走错了教室，下次可不能再走错了！

点评

看到自己出过这样的丑，当时可能很窘迫，可是今天回头再来看看，会不会莞尔一笑呢？简单说作文就是"出丑记"，没人看你吹牛，都喜欢看你出丑，加油呀，勇敢地把你的"丑事"写下来，让大伙笑去吧！

我就是想飞

成贤街小学　高衣凡

　　每天，当我们快要放学的时候，我都很开心，因为我知道放学以后就不用上课了。

　　放学的时候，我总是冲在最前面，一边跳一边飞跑出校门，向妈妈冲去。如果找不到妈妈，我就会拼命大声喊"妈妈，妈妈"！找到了妈妈，我就像小猫一样，抱着妈妈的胳膊蹭呀蹭，蹭呀蹭。

　　然后，我就会向小区飞奔而去。快到小区的时候，我就会先冲进去，再跑回妈妈身边，再冲进小区，再跑回妈妈身边……直到进了小区，我才会跟着妈妈走一小会儿。这个时候，妈妈总说我是个"神经病"。

　　回到家里，我手也不洗，直奔阳台，先陪"红仔"——我的兔子朋友——玩一会儿，听见妈妈喊我吃水果，我才会放下红仔跑去洗手。我会这样"发神经"，只是因为我实在太高兴了。

点评

　　这个作文有什么所谓的"好词好句"吗？没有，没有成语，没有修辞。可是却非常感人，感人的是细节，是孩子那种快活的心情。我想这就是作文的最高境界吧——朴实。

写给爸妈的话

　　我现在让你讲一件好玩的事情，你看看能不能马上想起来？我知道有的人能，但是还有人不能。

　　那么，对不能的人就可以说他的生活很无趣、每天都是相同的、从来没有好玩的事情发生吗？我看不一定，不是没有好玩的事情发生，而是一下子想不起来。生活中肯定经常有让人开怀一笑的时候，可是如果你就是那么一笑而过的话，那么笑过也就笑过了。但是如果你想给自己的生活留一点儿美好的回忆的话，那么你就要养成随时随地记录的习惯。如果看到身边发生了好玩的事情，你应该马上记下来，哪怕只有短短的几个字，只要能够把这件事情说清楚就行。等到你写作文的时候，把这些平时积累起来的故事拿出来，比你生编硬造的生动多了。

　　可是到哪里去找这样的事情呢？就要靠你平时的观察和积累了。小朋友们经常会说"我不会写作文"，其实当你说"不会写"的时候，潜台词是"我不知道写什么"。作文无非两个问题："写什么"和"怎么写"。关于"怎么写"的问题，在小学阶段不是很重要。其实大家都能写几句，重点是"不知道写什么"。而这个"写什么"，就要小朋友们做一门功课了。

　　那就是"留心观察"。观察什么呢？当然是你身边的事情，最好是发生在你身上的事情。只要你留心观察身边的事情并且把它记录下来，那么日积月累，对你的写作会大有帮助的。一定要找那些有趣、令人印象深刻的事情来写。如果你能长期坚持把身边的事情写下来，能看到别人看不到的事情、留意别人不在意的事情，你就可以练就一双"火眼金睛"，成为一个了不起的观察者。那么为什么一定要记录下来呢？因为"好记性不如烂笔头儿"。

第二章

阿咪受伤了

二个写作经验

真讨厌，在人家窗前放鞭炮。

不对，阿咪掉楼下去了。

1. "十一"长假最后一天晚上，全家说好去爬山。可是还没有出门……

嗷 阿 咪！

2. 我们趴在窗前往下看，可是下面一片漆黑，只能听见阿咪"嗷嗷"的叫声。

3. 全家连滚带爬地跑下楼。

嗷 嗷！

4. 我家后院全是违建，转了半天也没看见阿咪在哪里，只听见它一声声的惨叫。

5. 最后，我好不容易爬到一堵墙上，看见阿咪被挂在二楼的一个晾衣架上。把它抱下来一看，腿上有一个大洞，透明的，都能看见"月亮"。妈妈一边抱着阿咪回家，一边吩咐我去药店买药水。

6. 我去药店买了消毒水、纱布、棉签就跑回家了。

7. 马兰花妈妈家里很多亲戚都是在医院工作的，所以她胆大心细，也可以说是"心狠手辣"。她要我按着阿咪，她来给阿咪消毒上药。

8. 可是我这人比较脆弱，还晕血。有一年在家乡哈尔滨，我一个邻居让我帮忙扶着菜窖的铁门，他在菜窖里面干活。

9. 后来不知怎么他竟然把手弄伤了，出了好多血，我一看见血……

10. 后来，就没有后来了……

11. 算了，那么大的伤口，肯定得去医院。我们连夜跑去医院，让马兰花在家睡觉，她偏不干，非要跟着。

12. 跑了几家宠物医院，可是外科大夫都下班了。

13. 这时候好巧不巧地又下起了雨，一路凄风冷雨，我心都凉了，要是万一今晚找不到医院做手术，阿咪这么重的伤能坚持到明天吗？

14. 还好，终于在河西找到了一家24小时营业的宠物医院。

15. 大夫给阿咪注射了麻醉剂，眼看着阿咪可怜兮兮地像喝醉了一样，四条腿打晃，"扑通"一下子倒在了手术台上。

16. 我们在手术室门前焦急地等待。马兰花不停地问阿咪没事吧，阿咪不能死吧，我说不能，手术完马上就好了。

手术做得很好，把伤口缝上了，一个星期之后来拆线。

17. 等了一个多小时，阿咪被大夫抱了出来。

这小家伙生命力还挺顽强。

18. 回来没几天，阿咪又能箭步如飞地上楼梯了。我们都很开心。

19. 到了第七天，我们非常听话地去医院把线拆了。可是没一天，眼瞅着阿咪腿上的伤口一点点裂开，又能看见"月亮"了。

20. 这回再去医院，大夫说这次严重了，要住院。阿咪在医院的时候，马兰花每天都要祈祷，希望阿咪快点儿好起来。

21. 一天早上，她问我要零花钱。

22. 下班的时候我们去医院看阿咪，居然看见马兰花也在那里，她正和阿咪说话呢。

23. 我和她妈妈都很惊讶。

24. 马兰花居然给阿咪买了小鱼零食。

25. 半个月后，阿咪终于出院了。

老师也会错

这个文章你觉得好吗？我觉得它有一个严重的缺点，你能告诉我是什么缺点吗？

给你们一个提示吧：写作文呢，要有重点。也就是说，一件事和主题无关，再精彩也不要写。

我们回头来看这篇文章，里面有很精彩的一段，就是马老师晕血。在给阿咪治疗的时候突然想起年轻时候的一件往事：因为晕血而导致了一起事故。这件事非常好玩，可是这件事和主题有关吗？和阿咪受伤有关吗？没有！和主题无关的事情，即使再精彩，也是无论如何都不能保留的。写作文最忌东拉西扯，和主题无关的事情一律不要写。就像毛主席教导我们的，集中优势兵力消灭敌人。要有壮士断腕的豪气，那些细枝末节必须毫不犹豫地砍掉。

在这一章里，我们只要学习三个经验。

第一个经验就是作文要曲。所谓"做人要直，作文要曲"，这个"曲"，就是"曲折"的意思。你来看，阿咪受伤了，我们去找医院，能一下就找到医院吗？一下找到的话就太便宜我了。不能！一定要找了一家又一家。这时候如果是风和日丽的上午，那我能心急如焚吗？不能！还有，如果一下就把阿咪治好了呢？也不行，那样的话无论是它还是我们，都印象不深。

所以说呢，作文不能太一帆风顺，一定要有波折，有波折才吸引人呀。这就是所谓"一波三折"。小学作文

篇幅这么短，就不要"三折"了，"一折"足矣。

虽然说今天教了你写作方法："作文要曲"，但是呢，方法并不是最重要的，重要的是要写出"感情"。第二个

经验就是作文要有感情。如果这个作文是你一定要写下来的，是你觉得如果不写出来心里就很难受的，那么你一定会写得很有感情。

在这个故事里面，感情也是由具体细节表现出来的。我们看见在马兰花往楼下跑的时候有一个细节，就是她把楼梯上的垃圾袋都弄翻了，这样就看出来她真的很着急了，对吗？还有我去药店的时候，差点儿被车撞到，也是因为着急嘛。在医院的时候，旁边就是椅子，我们全家是不是坐在椅子上？假如我跷着二郎腿说："哎呀，阿咪这个家伙很坚强呢，应该不会死吧，可是万一死了呢？我们是不是还要给它开一个追悼会呢？唉，你说，我在追悼会上都说什么呢？要不就说，没有了你，我终于可以自己独享一个水杯了。哈哈，没想到你竟是这样的

猫咪。"那我也太没心没肺了！

不是这样的，我们全家都扒在手术室门上，焦急地等待结果。后来马兰花每天上学前都要对着太阳祈祷，把自己的零花钱省下来给阿咪买小鱼零食，阿咪出院那天她还要画一幅欢迎阿咪回家的画来庆祝一下，从这些细节都能看出马兰花对阿咪的感情。

看见了吧，就算是"感情"，也是通过具体的事例表现出来的。我们说了要写"有趣"的故事，可是也不能只说有趣的事，那就成相声了。故事除了有趣外，还要有感情，还要能够打动人。

最后呢，在这个故事里面有一处环境描写，就是我们半夜骑着电瓶车去医院的路上，突然下起了小雨，连老天爷都和我过不去。那个"十一"

一定是我的倒霉日，怎么那么巧，就下雨了呢？在黑暗的街头刮起了阵阵寒风，树叶从天而降，发出"哗哗"的声音，街上空荡荡的。这样一来就更加深了我们全家悲凉的心情。那种无助和凄惨的心情到现在都不能忘记。那么我们看见了，环境描写的作用是为了衬托人物的心情。没有为了写景而写景的作文，写景的一个主要目的是"写情"。下次无论你心情好还是不好的时候，都可以加一段环境描写。今天考了一百分，虽然下着雨，舔一口，甜的。今天考砸了，太阳当空照，它的笑脸好像也在嘲笑我。唉，天空中太阳正艳丽，我的心却在哭泣。

很简单吧？无非是两种方法：环境和我的心情或者是相同的，或者是相反的。

我的大作

　　小学作文有很大部分都是要写你的心情的，你的心情包括"高兴、伤心、生气、委屈、害怕、孤独、焦急、期待"，等等。你要找出一件能够表现你的心情的事情来写。

　　1. 心情都是由具体的事例来表现的，要有事例。

　　2. 要加一小段环境描写，环境描写的目的主要是衬托出你的心情。

　　人生不如意十之八九，不能总是顺风顺水、天遂人愿。马到成功的故事不够吸引人，你看电影里的英雄要得到胜利都不是一蹴而就的，一定要经过千难万险才能达成使命。你也来试着写一件不那么顺利的事情吧。

能不能让我好好写作业

新城小学　黄子奥

今天下午，我在家写作业，写到一半，突然笔没水了。我找到另外一支笔又开始写了起来。突然我想到这支笔的墨水是蓝色的，而老师只让我们用蓝黑色的墨水，无奈，我只好把那些用蓝色墨水写的字涂掉，再把那支没了水的笔吸上蓝黑色的墨水继续写。

哎呀，我怎么忘了在短文中画线要用铅笔呀！我只好把线涂掉，再用铅笔画上一条新的线。唉，真是的，怎么刮掉了，不行，再涂，刮掉了，再涂，又被刮掉了。涂，刮，涂，刮……我像一台专门画线的机器一样，一次又一次地画线。唉，修正带用完了，有办法，用胶带，"刺啦！"短文上的字被粘掉了。我像复印机一样，把刚才的那些字重写了一遍，补上，好了！再画上线，完美！终于改好了！不过本子就像乞丐的补丁衣服。我脑袋疼，还有手，也疼。眼前全是各种颜色的线，还有字母满天飞。

今天下午，我解决了一个大问题，可是，我还有好多作业没写呢！我眼睛花了，不能写其他作业了。

点评

哎呀，你真是台勤奋的写作业机器，就是这台机器老是忘事。写个作业都能这样九曲十八弯，真是服你了。

爱心义卖

砺志小学　倪悠然

时间过得真快，转眼间就到 4 月 25 日了，马上又要迎来一年一度的爱心义卖活动了。以前我可高兴了，爱心义卖活动在每年的 6 月 1 日儿童节举行，在那天，大家都要带来旧玩具、旧书等物品，标注好价格卖出，每班贡献出卖出的钱，捐给山区的小朋友。

同学们都盼望着那一天的到来，可是，我却有不一样的心思——我希望今年不举行义卖活动，为什么呢？因为呀，今年我已经参加过两次义卖了，就连家里的花都卖出去了，实在是没有什么不用的东西了，我们家很少买玩具，就是买了，也不可能把新玩具价格放低了卖。那么义卖怎么办呢？想一想，爸爸买给我的红汽车可以花 10 元钱卖出去呀，可是又想起那是爸爸花 200 元钱在外地买来的，不能卖。怎么办呢？想一想，这个不能卖，那个也不能卖，我的头嗡嗡作响，耳朵也急得滚烫，拿什么去卖呀！

我每天都急得像热锅上的蚂蚁，但是急也没有用呀。这时我想到一个好办法，我把别人的东西买回来，再把价格升高一点儿卖，嘿嘿，反正他们又不知道，这也是没有办法的办法了。

点评

狡猾得很！

买、包、下饺子

汉江路小学　贾斯杰

　　周末，妈妈对我说："你今天自己包饺子，下饺子。试试你的自立能力。"我想：如果我做得不好吃怎么办？我想了一会儿，有点儿害怕地说："好吧。"我准备去超市买饺子皮和饺子馅。进了一家超市，我开始找饺子皮和饺子馅，可是，怎么也找不到，只好去另一家超市，可是还是没找到。我急死了，万一家家都没有，下不了饺子就只好吃馅饼了。

　　终于，在一家超市里找到了饺子皮和饺子馅，一买好，我就跑了起来，生怕来不及了。一路上，踢翻了自行车，还差点儿掉进一条臭水沟里，终于回到了家。回到家里，我像刚刚从水里爬出来一样。

　　包饺子的时候，妈妈给我包了一个样饺，让我照着包，可我包的全是扁的，像上面压着一块巨石，怎么也站不起来，我怎么弄，怎么弄，都不行。终于包完了，开始下锅了，可是，煮着，煮着，火就灭了，怎么也点不着了。唉，好巧，怎么就今天家里的煤气用完了呢？我们只好把"半成品"捞了出来，我都看出来这个饺子不能吃，吃了就变成野人了，因为野人才吃生肉呢。

闻到别人家的饭香，看着自己家的饺子，可是又不能吃，大家的肚子都饿了，只好去饭馆吃饭了……

点评

哈哈哈，应该叫"倒霉的饺子"。怎么所有的事儿都赶到今天了呢？看来今天不是你该吃饺子的日子，以后再吃饺子最好先看看日历。

买菜不易

力学小学　周云轩

今天，我要独自去菜场买菜。菜场离家很近，只要走两条街，过一条马路就到了，而老妈滔滔不绝、像洪水一样涌来的叮嘱，谁听了都以为我要在月球上待一年。我不耐烦地出了门。

走在马路上，我总是无意地往左边靠一点儿，但每次都扑了一个空。我这才想起，妈妈不在我身旁，每次走在街上，她总是走在我的左边。我继续往前走，过了马路，顺利地进了菜场。虽然没走多少路，但在没有老妈的时候，还真有点儿害怕呢！

出了菜场，我提着两包蔬菜便往家走去。菜虽然不重，但拎在手上却勒得很疼。以前妈妈买完菜，我会帮她拎一包，妈妈自己也拎一包。现在如果老妈也帮我拎一包该多好呀！正想着，妈妈突然出现在了我眼前。原来她放心不下，又来了呀！妈妈帮我拎了一包菜，然后一只手牵着我过了马路，牵着她的手，我觉得很温暖。

点评

这个作文好，有感情呀。所谓不当家不知柴米贵，你每天吃的饭菜不是凭空变出来的，都是有人买了再烧了给你的。这个人是不是很辛苦呢？这个作文还有一个细节："我总是无意地往左边靠一点儿"，这个小细节可以说抵得上千言万语——我不习惯没有妈妈领着呀。

看不见的朋友

汉江路小学　邱文煊

　　夜，是漆黑的。我一人漫步在小区中，不知为什么，一盏路灯都没有。只有点点星光给我安慰。树丛间，无数的黑影闪现。

　　突然间，我脚下一轻，低头一看，天哪！脚下的哪里是大地，这是一片混沌漆黑、无限广阔的水面，我好似浮在水面上一般。漆黑中，还有点点星光，像黑暗中无数双眼睛正盯着我。再一抬头，头顶也是混沌一片。无限的黑暗，无限的延伸，永远没有尽头。也许，我哪怕稍稍一动，就会掉入脚下那无限的混沌一片的世界。

　　身后突然传来"呜呜"的声音，我猛一转身。一对黄溜溜的眼珠浮在空中，发出一串奇怪的叫声："呜——喵喵！嗷呜喵！"正是我几个月前死去的猫的叫声！它重复地叫了好几遍，好似知道我听不懂似的，最后，它吐出几句生疏的人话："你，我，为什么？"我吓得不知所措。

　　我从床上坐了起来，吓出了一身冷汗。

　　我回忆起近几个月发生的一连串的事。我买了一只小猫，取名尘仔，我和妈妈十分喜欢它，可爷爷讨厌猫，嫌它叫得烦，嫌它拉得臭，嫌它吃得多，嫌它总掉毛。终于有一天，猫被送给了朋友，一个月后，朋友告诉我，猫被车轧死了……

　　尘仔，我不嫌弃你的叫声，不讨厌你身上的鱼腥味，也不怕你臭，我还想和你玩，实在不行，我们在梦里玩耍也是可以的。

　　尘仔，我的小猫咪，我好想你呀!

点评

　　这篇文章的作者很有才华呀。我们绝对想不到作者会从这样一个角度来缅怀尘仔。我自己也有午夜梦回的时候，突然梦见一件久已遗忘的尘封往事，黑暗中就会觉得往事如烟难再回，真是空留遗憾在人间。看了这篇文章真的很能和作者感同身受。

我要去厦门呀我要去厦门

三牌楼小学　高东成

这个暑假，我要去厦门玩。到厦门的前一天，我很兴奋。

上语文课时，我的心跳得厉害，都从左边跳到右边了。下课了，我手舞足蹈，像发疯了一样，大家都注视着我，我有点儿不好意思。回家时，我热血沸腾，像充满能量的机器战士一样。我用手拍拍我的脸，来证明这是真的。在一旁的妈妈想：今天他犯神经病了？她走过来，大喊一声："你在干什么？还不快写作业！"无奈，我只好乖乖写作业。写作业时我心脏像长了四只手，带着我一起跳舞。晚上睡觉了，我却怎么也睡不着，好像是刚充满电的手机。直到00:30，我的能量才慢慢没有，渐渐睡着。

今儿真高兴！

> **点评**
>
> 各种神奇的比喻句和夸张，所谓的"好词好句"就是成语加修辞！成语有个缺点就是没有个性，而最常用的修辞就是"比喻"和"夸张"，也是孩子最善于使用的修辞，不怕多，这才能显示想象力呢。
>
> 这篇作文多生动，语言生动，情节生动，怎么看都好，就是有点儿没重点。如果能把某一次发疯的表现再拉长些，多写点儿，看着就舒服多了。

伤心往事

南师附小　周语涵

有一天，我和好朋友去外地玩。

下了飞机，我的一个好朋友就叫我白骨精，我当时并没在意。后来，连每次课间都和我一起玩的朋友也叫我白骨精了。我生气了，眼泪直往下掉，而他们俩的嘲笑声就像乌云盖过来。他们那儿是晴天，我这儿是雨天。我真想冲上去跟他们理论。

在游泳时，他们也笑嘻嘻地喊我白骨精，而且妈妈还一直帮他们拍照。我在游泳池里自己游了好几圈，想把这件事忘了，不过，我每次抬头呼吸时，一看他们的脸就很生气。

晚饭时，桌子上都是我平时喜欢吃的菜，现在我却不想吃。看到他们津津有味地吃着，我的眼泪瞬间流了下来，妈妈问我怎么了，我也不想回答，只是静静地流眼泪。

晚上睡觉时，我梦见自己参加比赛，他们也参加了，我得了冠军，这可让他们羡慕死了，他们也不敢再叫我白骨精了。

我决定，我要让自己变得强大，我要勇敢地说"不"！

点评

　　一个人被很多人没有原因地针对，其实是一种霸凌。小朋友们年纪小，因为听到别人经常讲什么"白骨精"，于是就跟着叫起来。很显然，他们看到被叫的人的痛苦了，于是就更加得意起来。可是，如果这样的事情落在我们自己头上怎么办？任何时候欺负人都是很不好的行为，我们不但不应该跟着起哄，在遇到这样的事情的时候，还应该勇敢地站出来制止这种行为。如果你没有勇敢地保护自己，别人也不会来保护你。如果你看到别人被霸凌，也应该勇敢地站出来。假如每个人都是一个勇敢的人，那么我相信，这个世界就再也没有欺负人的家伙了。

病毒跟踪春天

汉口路小学　张娴

这天，我感冒了，有点儿发烧，但还是想去上学。

我边走边跟爸爸说："我讨厌春天，更讨厌病毒。因为我觉得春天太弱了。如果病毒跟踪夏天，夏天用烈日一照，病毒就死了；如果病毒跟踪秋天，秋天用果子一砸，病毒就死了；冬天就更狠了，西北风、雪花把病毒全消灭了。唯独春天最弱，风柔柔的，雨细细的，太阳暖暖的，都没攻击力，病毒就觉得春天好欺负，就跟踪春天。唉，可怜的春天。"

爸爸也摇了摇头。

点　评

这孩子有一颗柔弱敏感的心，都不知道孩子小小的心里装着什么样的伤心事。

病中的妈妈

致远小学　陆浩宸

　　三年级的寒假里，妈妈得了脑膜炎。当我得知的时候，我好像能听到我的心在"咕咚咕咚"地跳。看着妈妈被送上救护车，我的心仿佛都要从嘴里跳出来了。

　　妈妈被送去医院，爸爸要去医院照顾妈妈，这就意味着家里只剩我和奶奶两个人了。有一天，奶奶说她出去有事。我知道她其实是跑去医院看妈妈了，因为医院给妈妈下了病危通知书。

　　过了一会儿奶奶回来了，让我和她去小树林里走走，散散心。我想：如果全家人一起去就好了。

　　我和奶奶到了小树林。"唉——"我叹了一口气。我的那口气化成了白雾，在我眼中那白雾构成了妈妈的头像。北风"呜呜"地吹着，树叶沙沙作响。我看见了一棵树，那棵树上只剩一片叶子了。我突然不想让那片叶子掉下来，也不想让病中的妈妈出什么差错。

　　过了 30 天，妈妈回来了，我惊喜万分，冲上去抱住了妈妈，妈妈也甜甜地笑了。

点评

　　人在遇到重大变故的时候不知道为什么会对周围的环境敏感起来，我也曾经有过那样的时刻。好作文就是能够让人"感同身受"，你怎么会知道我的故事呢？祝你们全家幸福。

心灵的震撼

鼓楼二实小　展一峰

　　我的童年有很多往事，但是最让我那柔弱的心灵感到震撼的事，还是一次去旅游时发生的一件事。那是 2012 年，我七岁时去北京旅游时发生的。

　　当时我们旅游团去一家饭馆吃饭，上菜后，我们放开肚子大吃。我正吃得美滋滋的时候，忽然，不知是我的耳朵好还是其他原因，我竟听见这样一句："几岁啦？六岁啦！好乖，比我们的乖多了！"听完，我顺着声音看过去，看见我妈妈正在像摸小猫的头一样摸着别人家小孩的头！我顿时呆住了！明明是我最爱吃的红烧肉，此时都待在嘴里吃不下吐了出来，夹在筷子上的青菜也掉在了餐桌上。我脸色惨白，心想：妈妈不要我了！我不停向妈妈那儿看去，看她下一步还会做出什么过分的事！我当时气得都快哭了，为了不让别人看出来，我偷偷去厕所哭了一场。回到餐桌旁，大家都没有发现我的红眼睛。回到宾馆，我冲进洗手间，洗了把脸，顿时红眼睛就没了。

　　后来，过了很多年，我问起妈妈，妈妈想了会儿，意味深长地说："那都是客套话，我还是最爱你的呀！"片刻，我的心被融化了！

点评

　　这个故事倒是提醒了我，很多时候大人不知道自己的某个无意的行为会给孩子带来什么样的伤害。我觉得你妈妈听你说起这个往事的时候一定会很后悔吧。

战胜自己

力学小学　吴咏烨

我从小胆子小，很多时候因为"不好意思"而给自己带来很多麻烦。

有一次上课时，我突然尿急，但是当着全班同学怎么好意思讲呢？我只好硬着头皮等下去。时间在一分一秒地走着，我的尿随时随地都有可能爆发出来！一想到尿出来的结果，我就使足了劲儿，拼了老命死守"渡口"。水流在不断地冲击闸门，每冲一下，我就比上一次更卖力地忍受着这强大水流的冲击。我一边忍，一边焦急地看着表，但是每看一次表，都会感到时间好像在耍我一样。我觉得时间没有往前走，反而在往后退！

我越来越着急，可是左等右等，总是等不到下课铃那悠闲的乐曲。终于，我听到了下课铃的音乐，这是我这辈子听过的最美的声音。我飞一般地朝着门奔去，但是，耳边却传来校长那温柔的声音："孩子们，离下课还有 15 分钟，刚才不小心按错了铃！"这句话宛如晴天霹雳般，我顿时呆掉了，站在原地，再回头，看到了同学疑惑的目光，我一下子手足无措了！我心想，只差 15 分钟，再忍忍。

但是离下课越近，就越难忍！我多么想勇敢地举起手，大声地对老师讲："老师，我要上厕所。"妈妈平时知道我胆小，就给我看《麦兜响当当》，让我学习麦兜，勇敢地举手说我要上厕所。虽然在家里练习了很多次，可是，可是，要我当众举手都很难，更何况要当着全班同学的面说"我要上厕所"这样的话呢。

　　天啊，天啊，我的肚子，我的膀胱！现在我的膀胱好像有月亮那么大，随时有爆炸的危险。迷迷糊糊间，老师突然停下来，指着我说："哟，太阳从西边出来了，今天小吴怎么这么积极？来，你来回答这个问题。"啊！原来在不经意间，我已经举起了沉重的右手。我站起来，看着老师充满期待的眼神，半天才说出一句话："老师，我要上厕所。"

　　全班哄堂大笑，老师摆了摆手说："去吧。"我拔腿就跑，身后虽然还荡漾着笑声，但是我好开心，不是因为膀胱解放了，而是因为我终于勇敢地举起了我的手，敢于当着全班同学说出我的请求。

　　我战胜了自己，我是最棒的！

点评

　　哈哈哈哈，看的时候笑疯了。这个题目有点儿老土，很多孩子都写自己是怎么战胜困难好好学习的，当我看见这个的时候不由得笑喷。战胜自己，没毛病，没跑题，就是结尾……哈哈，不说了，自己脑补吧。

写给爸妈的话

作文其实很简单，写得多了，也就会写了。

那些把作文弄得很神秘的家伙，不是想吓唬小朋友就是故弄玄虚。作文就那么几点要素，很好掌握的。我们要从战略上轻视"作文"这个敌人，作文有什么了不起？会说话就会写作文。

然后呢，又要从战术上重视这个敌人。那么怎么重视敌人呢？用什么战术重视敌人呢？就是要学习写作方法、学习他人的写作经验嘛。

说到经验呢，就是把老师的经验传授给孩子。为什么要和老师学作文呢？是因为老师积累了很多经验。比如说我吧，我在作文教学上投入的时间肯定比一般人多吧。我平时都要看书呀，看电影呀，看的时候就会想，要是把这个教给小朋友写作文怎么样？做很多事情的时候都会想，要是这样教作文会不会好些呢？慢慢地，积累的经验多了，我就成作文专家啦。

然后我把经验传授给你，你就省了很大的力气，少走了很多的弯路。当然孩子也可以和书本学习，也是学习前人的经验，但是需要你有很强的总结、归纳能力。为什么很多家长说"我们家孩子就喜欢看书，可作文还是写不好"？就是因为孩子不会有意识地学习书里面的写作技巧，就需要有老师带。

　　而你自己的写作经验呢，就是要多练习，积累自己的经验，就是所谓"熟能生巧"。写好了作文，拿给老师看看，有什么地方需要修改，拿回来改一遍，也知道自己的毛病在哪里了，作文就会有进步了。

第三章
我是猫
幻想是最宝贵的能力

1. 每天早上我们家就好像一个战场。

2. 然后……

3. 肯定有忘带的……

4. 每天最后离开家门的时候，我都要看看阿咪，很羡慕它。

5. 我都想象得出这家伙的一天，吃饱了玩，玩够了睡，睡醒了吃。要是有一天我也能够这样该多好。

6. 晚上回到家里，我疲惫地坐在沙发上。阿咪跑到我身边。

7. 阿咪扒拉着我的手，引导我到它的胸前。我才发现，原来在它胸前有一块开关一样的骨头。我试着拉开它。

8. 一道粉色的光雾从阿咪的胸前飘了出来，虽然看不出它像猫咪，但是我知道那是阿咪的灵魂。

59

嗨

9. 阿咪又向我的后颈摸索，我发现原来我自己的后面也有一个拉链一样的东西。

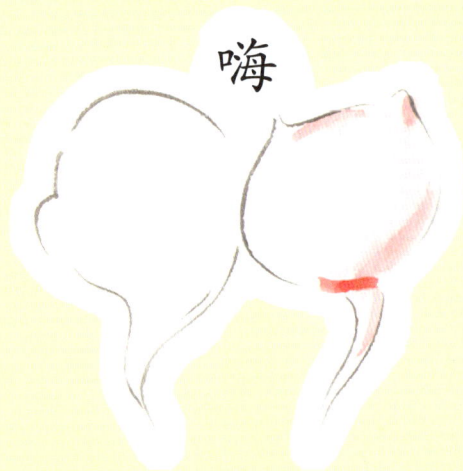

10. 我打开拉链，一股凉风侵入身体。一团白雾从我的身体里面飘了出来。两个灵魂在半空中相遇了，它们互相看了一眼，就飘向了对方的身体。

11. 就这样，我变成了猫爸爸，而爸爸猫则转身进了房间。

12. 耶！太好了，终于变成猫了。

13. 眼前的东西都变得大了起来，而且都需要仰视才能看见。我走了几步，脚下像踩了一个肉垫，好像走在毛毯上一样。

14. 我尝尝猫粮，早知道今天变猫，应该给自己买点儿小鱼零食。

嗖！

15. 我看着桌子，虽然看起来很高，可是好像能够很容易跳上去。

16. 我试试，"嗖！"简直是身轻如燕呀。

17. 好不容易变猫了，出去看看吧。我跳到窗外，顺着一家家的空调外机跳到了楼下的墙头上。

18. 黑暗中我的眼睛闪闪发光，微风吹动我身上的毛，好爽。突然看见街角路灯下有两只老鼠，我"喵"的一声，两只老鼠吓得"刺溜"一下跑了，哈哈，我太厉害了。

19. 突然，有人，不，有猫和我说话，语气相当不客气。

20. 原来是我家楼下的流浪猫的老大，指责我占了它的地盘。

21. 它那些手下都笑抽了。

22. 好吧，一场决斗开始了。

23. 只见它一个"饿猫扑食"猛地扑了过来，我一个"旱地拔葱"高高跃起。

24. 然后双爪猛地一推，使了一招"降猫十八掌"。只听"哎哟"一声……

25. 嘿嘿，小样儿，怎么样？知道我厉害了吧！

26. 早上，家里又是一片混乱。等他们走了，我也要吃好了睡，睡醒了玩，像一个真正的猫咪一样度过这有意义的一天。

27. 晚上，在客厅里，交换身份的时候到了。

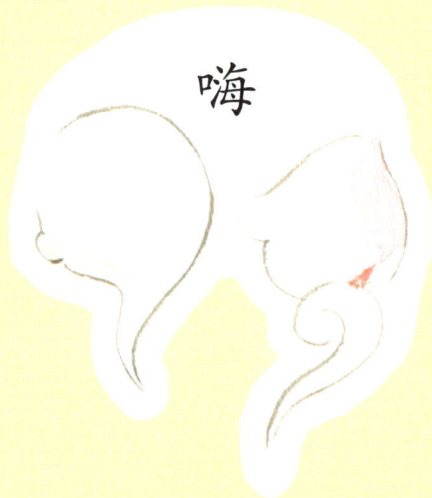

28. 两个灵魂在半空中相遇了，空气中弥漫着淡淡的伤感。

29. 这会儿我又变成了爸爸，阿咪都没有看我一眼，就转身回到了它自己的家。

30. 就这样，我们一家人还是那样，每天早上都是闹哄哄的，但是我们很开心。

今天学什么

🔊 幻想是最宝贵的能力

有同学问了，老师这个故事是真的吗？当然是假的了。

写作文也是一个再创造的过程，当然需要想象了。我们可以写任何内容。真的，假的，经历过的，没经历过的，幻想甚至是梦，什么都可以写。这样才好玩呀！如果只写真实的，那么不是少了很多选择和写作乐趣吗？

你是小孩子，你有没有那样的时候，走在街上，嘴里不停地开枪？因为你永远沉浸在一场打不完的战斗里。或者女孩子总是做着各种各样的公主梦？这些看似无聊的瞎想，其实就是一种不自觉地提升想象力的锻炼。如果你还保留着这样的爱好，那么我恭喜你，你每天所想的那些事情，就可

以让你离开眼下这枯燥的作业，让你的心飞到遥远的神秘的地方去。想象力可以为你创造另一个美丽的世界，在那个世界里，你就是国王。

我平时最喜欢收集小朋友的涂鸦，也就是那些乱画的东西了，看似乱画，其实每一幅画背后都有一个让人忍俊不禁的故事。

所以，我知道你们小朋友的想象力是最厉害的，那么拿出你们的胡思乱想的武器，来打败这个无聊的世界吧。

写这样虚构的东西，有个窍门，就是越是假的，越要写得像真的。你看，在这篇文字里，"我"刚刚变成猫的时候是什么感觉？必须要写出猫的特点、

猫的感觉。比如看什么东西都变大了呀，走路像踩着毛毯呀，很高的地方都能上去呀。为什么要在这些地方强调呢？就是要"忽悠"读者嘛，就是要给读者催眠嘛，好让他们相信这是真的。没有人可以骑着扫帚飞，可是写到这里的时候，乔安妮·凯瑟琳·罗琳就会想，如果要让读者相信哈利·波特能飞，那么最好把那种"飞"的感觉写出来。比如：风"呼呼"地刮着，哈利感觉身上的长袍飘了起来，头发也在飞舞，一股强大的力量正托着他上升。

首先在写《变形记》这样的作文的时候，要收集你要写的这种东西的特点，然后把自己想成这种东西，就好像你真的做过这种东西一样，那才让读者佩服。卡夫卡就写过做虫子的感觉，包括我的这个故事，就是改编自英国作家麦克尤恩的《梦想家彼得》里面彼得变猫的一段。

还有，我们选的物种最好独特些。开始时大伙都选猫咪，这时候就有小朋友写"我是水"这样奇怪的题目，在一大堆"猫"里面这个"水"就太吸引人了。

我们来想想还可以写什么？"红绿灯"怎么样？"手机"呢？"空气"够奇怪吧？那么变成"细菌"是什么感觉呢？

最后一个要求，想要变什么最好有一个理由。比如我变鸟，是因为向往鸟的自由。

我的大作

1. 想象你变成了另外一种东西，想得越离奇越好。

2. 要写出变成那种东西的感觉。

3. 最好写写你要变成这种东西的理由。

变形记

琅琊路小学　张凯杰

　　早上，一起床我就发现我的衣服是橙色的，裤子是绿色的，头是红色的。我看见一辆车，它很小，车上的人都盯着我看，啊！我变成了红绿灯，我的裤子突然亮了，然后车就行进，我"哒"的一下变成了红灯，然后所有的车就停下，我可真有权力呀，谁都得听我的。那些大货车停了，小轿车停了，哪怕市长的车也不例外，因为市长是遵守公德的好榜样呀！我转头一看，另外一边的马路上，车流正井然有序地流淌，去上学的孩子兴高采烈的，去上班的叔叔阿姨兴冲冲的，踌躇满志的，要为人民好好服务呢。不好，我光看这边了，忘了这是十字路口，另一边可堵着呢，我赶紧变灯。

　　咦，怎么有哭声？原来红灯那边有个小朋友上学要迟到了，我立马放行，可是坏了，那边有辆救护车正闪着灯飞快地驶过来，里面的病人直"哎哟"，这可怎么办？再变，更坏了，刚刚启动的车子们还没有来得及开到马路对面去，另一边的车子就冲上来了，十字路口从上面看就像一盘散落的麻将牌，车子们东倒西歪，喇叭震天，好不热闹，看来好心也会办坏事儿呀，我呀，还是遵循规律，该啥灯就啥灯吧。

点评

　　变成"红绿灯"这样的想法真是很有吸引力，因为"红绿灯"会引起大混乱呢，这样的事情想想就很过瘾，在想象里过瘾了，在现实中就安分了吧。

变 形 记

拉萨路小学　陈浩翔

今天，我一早起来，刚出门就咳嗽一下，看，一个工厂的大烟囱正冒着烟呢！"可恶！"我踢了一下地上的石头，谁知，这下可好，我一下子感到自己正在变小，我看了一下我自己，"啊哈哈，我变成细菌啦！"我大笑道。

我想让空气变得好点儿，顺着空气"嗖"的一下钻进了黑心老板的办公室，进入了老板的嘴里。老板一开始没有感觉，还在那里指手画脚地指挥工人排放废气呢。直到我进入了血管，那里全是抗体，我哪里会怕！左一圈右一圈把老板折腾得不行。他吃下一片药，嘿，药来了，我再变！我要把老板打发回家。我一会儿钻到老板老婆的体内，一会儿钻到老板儿子的体内，他们全家不停地打喷嚏、流鼻涕，咳嗽不止，被我搞得痛苦不堪。直到老板让工人停止排放废气，我才变了回去。最后老板不得不改弦更张了。

做细菌的感觉真好啊！

点评

　　孩子总是喜欢恶作剧的，而恶作剧是需要想象力的，一个孩子就算在生活中因为这样那样的原因不敢恶作剧，可是想想总是可以呀，尤其还是这么正能量的恶作剧。

变形记

理工实小　黄思宇

早上，我醒了，发现，啊！我变成了垃圾桶！

我可以不用天天写作业了！可是，没过几天，我就大叫："救命啊，我要变回人！"

每天的上班时刻，都是我最脏、最臭的时候，人们都往我嘴巴里扔鼻涕纸、塑料袋、烂苹果……有时候生病的人还会对着我吐！这时我才知道，人们太小看垃圾了！

白天很热闹的街道，晚上就变得特别安静，我静静地站在马路上，觉得很无聊，只能听到猫叫和风"呼呼"的声音。

哇——我受不了了！我宁愿做作业也不要被人小看！这种感觉太难受了，我以为做作业是最痛苦的事，没想到做垃圾桶比做作业痛苦得多得多呀！

点评

这是珍惜美好生活的励志版变形记吗？妈妈一定喜欢，恨不得最好真的变一次垃圾桶，这样回来后就"浪子回头"了，哈哈……

变 形 记

财大附小　徐茂扬

每天我都要写作业，写完了课内作业写课外作业，一写就写到深夜一两点钟。我真想变成土啊！

忽然我一变，到了小区花园里，我看看周围的环境，好差呀，如果早知道要变土，那我就带几条蚯蚓进来好了，可我又想，还是蛮不错的，至少可以不写作业。我突然觉得我身上有好多种子在发芽，很痒。等到第二天，老天爷竟然下起了雨，雨水和着泥土，那个呛呀，那个黏呀，那个脏呀，那个不舒服呀。终于，雨过天晴了，我看到身上那些小草更加绿了，小花开了，心想：还是值得的。后来更多的花花草草长出来了，把我装扮得美美的。

后来我又变回了人，我很高兴，又可以和我的同学见面了。

变 形 记

芳草园小学　孙金宇

"我怎么就是参加不了春季运动会呢？我怎么就是跳不远呢？"我不停地抱怨着，这次运动会我没被选上，我很生气。

今天是星期五，晚上我连作业都不写，就直接睡觉，一觉睡到天亮。我突然发现所有的东西都变得好大好大，我想摸摸自己，呀，我没手了，全身都是黑的，软软的，我变成了妈妈的一根头发。一阵风吹来，我一跳，哇！我跳的高度是原来的十倍！我突然看到了一个巨大的手拿着一个"游泳圈"，接着把我滚了一圈又一圈，最后我被"游泳圈"拴住。妈妈早上经常会去减肥，她上了减肥仪，啊！开始动了，我像坐秋千一样地左右摇摆，真好玩！最后妈妈开始洗头发了，啊！我被冲得水淋淋的，一把洗发水挤上去，好难受啊！最后老妈终于洗好头发了！我都快晕了！刚才受苦了，但是我现在闻着很香，而且还很滑，太舒服了。走在路上很飘，很好看！最后我变回去了，从这以后我就特别爱护头发，特别是妈妈的！

点评

这是有多爱妈妈才能想出这样的选材！选材一点儿不宏大，却能从一根头发上看出对妈妈最温柔的爱。尤其是结尾一句。

变 龙

小西湖小学　周路茜

　　唉，每天都是这样，早上上学中午也上学，下午、晚上写作业，如果用一个字概括我每天的生活，那就是"学"。

　　一天，我好不容易挤出一点儿时间看书，读到龙的时候，我觉得龙好幸福，每天都游在碧水之中……我想变成龙！

　　有一次，我一起床就发现身边的东西变小了许多……

　　哇！我变成了一条龙，我轻轻地一甩尾，台灯就被我砸得稀烂。我兴奋极了，便向天空飞去。人们看见我都大喊："天神显灵！"有一个人差点儿摔倒。我自豪极了，觉得我就是这个世界的主宰，每个生物都得听我的。

　　我飞进了北海，和螃蟹小金交了朋友，其他的小鱼、小虾也一起成了我的朋友。可好日子不长，不久我的朋友就被人类捕捞走了。

　　我悲痛欲绝，因为不忍心看到朋友被抓走，于是我飞向蓝天，消失在迷雾中……

变风

秦淮区一中心小学 章涵哲

一天早上，我睁开了眼睛，发现自己变成风了。

"不用写作业了。"我想。我看见门边有一个空，就钻了出去。我自由地飞着，想去哪儿就去哪儿，还不要花钱，真舒服呀！我把垃圾吹得满地都是，经常去电影院免费看电影，还去了马戏团，真好玩！"真暖和。"我说。忽然，我又看见两个小孩在玩风筝，就用我的身体把风筝吹了起来，他们说："真好玩！"这两个孩子就是莱特兄弟。

风筝线断了，他们还在追，我说："不要追了！"他们没听见，还在继续追。几十年后，莱特兄弟发明了飞机，不过还是需要我帮助。

变 形 记

南师附小　徐润霖

今天，我从床上起来，想伸个懒腰，可是怎么也伸不起来。往旁边一看，是台灯、床、衣柜，难道我是——手机？

噢耶！我正高兴呢，突然一只大手把我抓住了。他在我的肚子上点来点去，我觉得自己比以前更有知识了，原来他给我下了一个叫百度的软件。

然后，他又玩起了我身上的游戏，过了好一会儿，我觉得自己饿了、累了，他给我搭上一根管子，我觉得我渐渐地饱了，有精神了。他又在我身上看起了电视剧，上面的人一闪一闪的可好玩了。我吃饱了，他把电源拔掉，把我关机了。要是能天天变手机该有多好玩，爸爸天天带着我去上班，有时还用我打电话，我老是模仿别人的声音，虽然很累，但是很好玩。

点评

　　这个作文很有时代感，既写出了手机的特点，也有感情，我愿意做一部手机，陪在爸爸身边。

变形记

琅琊路小学 杨舒尧

放学回家了，我看着放在桌上的蝴蝶结，想：蝴蝶结呀，蝴蝶结，我多么想变成你呀！因为我变成了你，就可以和伙伴们一起在盒子里睡大觉，在桌子上玩耍了。我真希望我的愿望能完成。

第二天我一早就起来了，对着放在桌子上的蝴蝶结说："看来我的愿望是不能实现了。"

但是就在这时，我变圆了，手和脚变成了像蝴蝶一样的翅膀。妈妈进来了，我吓了一跳，怎么妈妈变得这么高？妈妈也吓了一跳，怎么我变得这么矮？

一时妈妈暴跳如雷，喊道："你干吗了，怎么变成蝴蝶结了？快给我变回来。你就知道蝴蝶结，每天就知道臭美。"

我吓了一跳，汗如同小河，"哇"的一声，我终于变回来了。

变 形 记

芳草园小学　黄桂萱

　　放学啦！我飞快地往家跑去。回到家，第一件事就是抱一下床头柜上的小布娃娃。我在写作业的时候，望了一眼小布娃娃，心想：小布娃娃呀！你多幸福啊，每天都有人来抱你，还可以不写作业、不上学、不考试。我要是你该多好！

　　第二天，我睁开眼睛，发现自己变成了一个小布娃娃。我高兴得都跳起来啦！妈妈走进来，脸色苍白，嘴巴张得好大，我感到很奇怪。这时妈妈大叫一声："我的天哪！"妈妈赶紧把我抱起来，往医院跑去。

　　到了医院，妈妈把我交给医生，可是医生却说："女士，您把一个布娃娃给我看什么呢？"妈妈觉得自己一定是出现幻觉啦。妈妈回到家，把我放了回去。

　　我心里特别开心，因为这是第一次看到妈妈这个样子。我现在长大了，妈妈很少这样抱我，我躺在妈妈的怀里，感觉很幸福。

点评

　　孩子的心灵多么美好呀，看到妈妈着急的样子却很开心，那是为自己着急呀。如果妈妈看到这篇作文，能不能抱抱这个小朋友呢？虽然长大了，可也不是很大呀，还是需要妈妈的怀抱的。

金眼睛

穿 越

励志小学　韦彦蕊

啊哈！今天我和另外几个人将是第一批进入"海伯利安"号时光飞船，进入三亿年后的人。

我们早在 23：00 便到了博士的实验室，我巴不得早点儿走，因为我们已经有一天没吃东西了，据说东西吃多了会吐。

2 分 20 秒，1 分 20 秒，8、7、6、5、4、3、2、1，走起！24 点整，我带着激动的心情，飞去未来了！

突然，周围的景色开始倒退，我一阵头晕目眩，这才知道为什么不能吃东西。不过一会儿，周围出现模糊不清的景色，先是黑白交替着；接着，又是绿色和金色在交替；那月亮圆了又缺，缺了又圆；不一会儿，我又看到周围高的东西变矮，矮的建筑又变高。我不禁张大了嘴巴，其他人似乎也特别惊奇，这一切都令人眼花缭乱。又过了一刻钟，时光机飞行的速度越来越快，从每分钟 1000 千米的速度达到了每秒 1000 千米。原先的激动、好奇、惊奇的心情一下子没有了，这种速度让我想吐。我的面孔变得歪七扭八，面目狰狞，鼻子都到了耳朵上，身子在不停地抽搐着，身体在乱飞，甚至连扎头发的头绳都从头发上滑了下去，头发变得凌乱不堪，飞飞扬扬。突然，彩光一闪，我们所有人都摔到了草坪上，接着听到"轰"的一声巨响，时光机器坏了，我们却来到了 3 亿年后。

3 亿年后的天空湛蓝，空气新鲜，地软软的，即使从再高的空中摔下去，也不会摔伤，房子由高变矮了，就没有了走在高楼下的压抑感，其他都没有变，可能科技太发达，人们无从下手，先把环境改好了再说！

反正时光飞船坏了，我也乐不思蜀，干脆我就在这儿住下吧！

点 评

前半部分像电影，看得我真有"穿越"的感觉；结尾部分真是硬核科幻，不是我这样的普通人设想的高大上的高科技场面，而是返璞归真了。没准儿这才是未来的样子吧，我和你一样希望如此。

灵感？来了！

海英小学　龙语行

又到了上美术课的时间了。我脚步轻盈地快步走进了教室，当我的眼睛看到"美术"这二字时，立刻向大脑司令部发下传真。片刻之后，灵感们就已经在列队，准备蹦进大脑了。我随意拿了张纸，大笔一挥，仿佛这一笔是上司传来的命令，原本头脑空白的我，一下子注入了灵感的力量，像一道洪流，驱动着我的大脑。大脑像一个正在全速运转的马达，慢慢变紫变红，一开始我手上的笔还能控制住这疯狂的能量，渐渐地，这力量越来越大，终于冲破了我那固若金汤的大堤。我不得不停下来喘息一下，可是灵感像一个个横过来的"8"——无限扩大！把我的脑细胞一个一个填满，原本我一个脑细胞医务站只能放一个灵感，可无限爆炸的力量又在每一个灵感旁边放了两个下来。

我只好乖乖地又拿起笔，灵感终于又从医务站里跑了出来。

这样，一张由灵感组成的绘画就完成了。可司令部好像还不太满意，又吩咐灵感让主人继续画下去。它一按桌上灵感的开关，"啪"的一声，脑细胞酒店又要遭殃了！

呼，终于下课了，司令部终于下班了，工作了一天的我，看着已经因为握笔而泛红、陷下去的手，叹了一口气。我的司令部，也真是呼风风来，呼雨雨到。

写给爸妈的话

　　我们的作文教学太注重写实，太注重观察了，而忽略了想象的重要性。观察当然重要，可以说非常重要。但是"观察"只要用功就可以做到，只要留心就可以做到。可是想象力的培养和呵护却比较难。一方面是因为学校考试的题目大多数是和生活息息相关的，比如《那一天，我……》《记一件有趣的事》。这样肯定会引导孩子多写身边的事情，而少了幻想。我们看国外的作文题目，尤其是小学生的作文题目，很大一部分都是关于幻想的。想象力也是生产力，你看好莱坞大片靠什么赚钱？靠的是想象力和创造力。而科学不需要想象吗？更加需要，科学家还讲要"小心求证，大胆想象"呢。想象力对于一个人来说可以说是至关重要的，一个丧失了想象力的人基本就会沦为一个平庸的人了，因为他没有办法设想自己生存空间之外的可能性了。

　　每个孩子都是幻想家，但是随着长大，在学校、家长、社会的挤压下会慢慢丧失想象力。我们之所以要鼓励孩子的想象，是因为如果开始的时候你有一米的想象力，压一下，还有半米，可是如果你在人生的想象力的巅峰时刻，想象力就所剩无几的话，那么一压，"啪"，没了。未来，机器人可以替代很多职业了，连作家都是可以替代的，但那应该是最后被取代的。只是一门心思把孩子培养成会学习、不会思考和感受、没有创造力的学习机器是没有前途的，因为机器人比人类做得更好。

　　另一方面，想象力是一种积极地看待事物的能力，需要你主动出击，需要你绞尽脑汁，而人都是有惰性的。孩子们的学业那么繁重，真的能一直保持幻想的孩子就是天赋异禀了，那才是最后在和机器人的"战斗"中"活"下来的人。

第四章

第一次

保持敏锐

"专家"

同学们好来我姓马，以后……以后你们管我叫马老师来马老师……

1. 你们现在看我好像是名师了，是作文"专家"了，谁知道二十几年前我第一次走上讲台时是什么样呢？

2. 那是2003年春天，为了备好这"第一次"课，每天早上我拿着一沓纸去玄武湖背书一样地去备课……

3. 终于到了开课的时候，我在办公室里焦急地等着。那天下雨，我心里想，太好了，下雨学生就不会来了。没想到一会儿来了一个学生。我又想，没事儿，一个学生没法儿教，让他回去得了。结果后来又来了几个学生和家长，没办法，只好上课。五点钟开课，我眼睛盯着钟，提前一分钟也不肯进教室。

4. 五点整，我扒着教室的门往里看。只见来了五名学生、三名家长，好多的人呀。

5. 我硬着头皮走到讲台前，谁也不看，就看着教室后面的板报，心里想着要说的台词。

6. 照着台词我开始背书："同学们好……"还没等我说下一句呢，坏了，我没当过老师，不知道当我一说"同学们好"的时候，同学们都会站起来，大声说："老师好！"吓了我一跳，差点儿坐到地上。

7. 这么一吓，我把台词忘了，我姓什么来着？想了半天，哦，我姓马。

8. 我就像背书一样，机械地背着。手都没地方放，不停地拽自己的外衣。

9. 背到一半的时候，心想，万一要是中间忘词了怎么办？这么一想，坏了，真忘词了，我站在那里，大脑一片空白。

10. 就在我要昏过去的时候，想起来还有剧本——讲义呢，拿起讲义看了看，接着背。准备了一个半小时的课二十分钟就背完了，我说孩子们你们自己写作文吧。之后我一屁股坐在椅子上，好像打了一场仗一样，浑身无力，两腿发抖，再也站不起来了。

11. 你们看，现在我上了无数次课了，教的学生成千上万，那么多孩子我根本记不住名字。但是我还记得开始的五个学生。为什么呢？因为是"第一次"嘛。"第一次"给人印象太深刻了，就好像新鲜出炉的面包，还散发着香气呢。

要领1：目视前方，不要低头。

要领2：双手握紧车把，没事不要乱晃。

要领3：双脚轮流踩踏脚蹬。

要领4：看见红灯你就停下，绿灯继续行驶。

要领5：遇见障碍或者紧急情况请马上刹车。

那棵大树，给我闪开！

12. 而且"第一次"也有的写。要我写《今天我骑自行车》这个题目有什么可写的呢？总不能写成自行车驾驶手册吧？

13. 可是我"第一次"骑车时候的情景，虽然过去了三十几年，依然历历在目。因为印象深刻，还因为剧情紧张惨烈，有很多东西可以写。

宝贝，好棒呀！

勇敢点儿！ 加油，加油！

水凉吗？

水甜吗？

有什么需要，比如说石头？

14. 但是在选取写作素材的时候，我们需要注意几个方面。人生中的很多"第一次"意义非凡，你的"第一步"在妈妈心中比阿姆斯特朗登月那一步意义还要重大，但是你记不住了，那就不要写了。

15. 还有，只有"第一次"没有"第二次"的事情不要写。比如《第一次落井》！谁没事儿总落井玩呀！

16. 而且选材要尽量独特些。如果这个班第一个同学写了《第一次骑自行车》，老师看着还行，下一个还是《第一次骑自行车》，然后又来自行车。就在老师看得要吐的时候，猛然看见一篇《第一次喝酒》，哇！好，太好了，不是喝酒好啊，小孩子喝酒当然不好，但是作为作文题材，它很不同，很抢眼。

轻轻磕

大力磕

用手捞蛋壳

"刺啦"

烫伤膏

香喷喷？臭烘烘！

17. 当然，也不能为了单纯地吸引眼球而故意哗众取宠。《第一次打劫》？不好！

18. 写"第一次"这个作文的写作要点在于写出"第一次"的感觉。第一次做饭什么感觉？不熟练嘛，就要写出这种感觉。要是写得顺风顺水、驾轻就熟，就不太真实了，除非你天生就是个厨子。

20. 有时候"第一次"不只有一种感受。比如第一次坐飞机，既有憧憬……

19. 第一次秋游不用说什么感觉了，肯定是期待呀、兴奋呀什么的。

21. 又有好奇……

22. 还有害怕。那就把这些感觉都写下来。

千万不要小看"修改",可以说作文要想有进步,就一定要改。只是一门心思往下写是不行的,因为你意识不到自己的毛病在哪里,写一百篇作文还是老毛病。可是如果每篇作文在老师提出修改意见之后都能够改一遍,那么你就会认识到自己的毛病,下次不犯相同的错误,作文也就能够提高了。可以说作文进步最快的捷径就是把作文修改一遍。

有的同学老是问我作文什么时候能够有提高,我说我有一个专门的作文点评时间,如果你能够坚持把每周的作文也好练笔也好拿过来给我看,等我提出修改意见之后拿回去再修改一遍,那么只要这样做下去,作文一定能够在短期内进步的。

你也想让作文成绩尽快提高的话,那么我希望你能把你的作文发给我看看,我看了提出修改意见。你呢,按照这个意见修改一遍,再给我看看,那么作文就能很快进步了。

我的邮箱:55579065@qq.com。

我的大作

1. 写下你"第一次"的经历。

2. 一定要写出"第一次"的感觉。

3. 选材要独特呀，最好不要写"第一次做西红柿炒鸡蛋"呀。

第一次上放牛班作文课

汉口路小学　贾其臻

我第一次上放牛班作文课的路上，上楼梯摔了一跤，因为我太害怕了。

我看见了第一个同学、第二个同学、第三个同学……最后全到了，我吓了一跳，怎么这么多人。一会儿，马老师来了，老师讲话很搞笑，笑得我肚子都疼了。

过一会儿，老师开始讲课了，一会儿一个笑话，一会儿一个笑话。我都笑趴在地上了，就像擦地似的。上着上着，我觉得已经进入了课堂游戏中，太好玩了！

终于到了写作文的时间了，我给老师看，老师说写得很好，下次争取写得更好。我和妈妈说好了，以后都上这个课。

点评

　　这一篇是夸我的，所以我把它放在"第一"的位置。如果你这样写你们的老师，他肯定很高兴，那么你的作文就过关了。我们有时候也要了解阅卷者的心态，哈哈……

第一次迟到

拉萨路小学　王丹妤

今天，我睁开眼睛，惊得我从床上蹦了起来，已经 7∶50 了！平时这时候我都该从家里出发了！

我连忙去喊妈妈："妈妈！快起来！已经 7∶55 了！要迟到了！"只见她迷迷糊糊地从床上坐起来，看了看时间，也吓了一跳。"快去换衣服！"她大叫起来。等我们出发已经 8∶10 了，我们急急忙忙地开上车，就上路了。

一路上很不顺利，如果路上不堵，还有可能不会迟到，可是现在全完了！马路上的汽车堵成了一条长龙，我急得在车上蹦过来、蹦过去，恨不得立刻长一对翅膀飞到学校去。

当我到了校门口，上课铃早就响了，我飞快地跑上楼，楼道里只有同学们琅琅的读书声。到了教室，老师瞪着我说："你怎么才到？第一节课都上一半了！"

就这样，我被老师罚了站，我站得腿都麻了！唉！下次再也不敢迟到了。

点评

这个作文写得惊险又曲折，有点儿像好莱坞大片。越是口渴越吃盐，本来就迟到了，还火上浇油，那些红灯和车辆是来和你作对的吗？

第一次配眼镜

拉萨路小学　王静蕾

　　我近视了。没配眼镜时，眼前一片模糊，像被蒙了一层黑布。被妈妈又拉又扯拽到医院后，我发现好多人都戴着厚厚的眼镜，镜片上一圈一圈的，像是从外星来的，滑稽极了。

　　我也戴上了眼镜，鼻子上像压了一个地球，沉重极了。眼科医生还用棒子指一指"小梳子"。我没心思看，脑子里想的是：我是不是永远都要戴眼镜呢？我看见班级里戴眼镜的小朋友摘下眼镜以后显得特别凶，我自己会不会也变成这样呀？你看电视里哪个明星是戴眼镜的呢？

　　终于配完了，拿到自己的眼镜，我好奇地把玩。镜片是透明的，镜框是我最喜欢的红色。我把它戴上，哇，完全是一个新的世界呢！草儿更绿了，花儿更红了，小鸟变得更加活泼了……

　　我再也不觉得它重了，而觉得它是我最好的朋友！

点评

　　这就是传说中的"选材好"。可是只有好选材还是不够的，还要有那种真实的感受。最好的是心态的变化，从拒绝到接受，真好！

第一次换牙

力学小学 王靖萱

第一次换牙，让我终生难忘。

那时我才6岁，一天中午，我捧着一块骨头大口大口地啃。啃了一半儿，我突然觉得牙龈疼，还感觉咬到了一个"小石子儿"。我赶紧把"小石子儿"吐出来一看，呀！原来是一颗牙齿。我问爷爷："我掉下来的牙齿上面怎么沾着番茄酱？它会长脚跑回它的座位上吗？"爷爷说："牙齿上面的不是番茄酱，是血。牙齿也不会回到它的座位上，只会长出新的牙宝宝。"

听了以后我才知道了事情真相。"哎哟！"我疼痛难忍，害怕、后悔顿时一起涌上了心头。

第一次听"下课了"

洲声巷小学　董钊臣

"啊呀！我的妈呀！怎么还不下课呀！"我的脑海里发出绝望的哀号。我望了望教室，不知怎么回事，我总想大喊一声，然后冲上讲台像疯子一样跳几曲舞，再回到我的课桌前。我脸色惨白，趴在桌子上一动不动，像雕塑一样（有一定圆润度地趴在上面）。广播里传来了音乐声，走廊里传来别的班孩子的喊声。一个同学跳了起来，大声说："下——课——了——"

我听到了也跳了起来，连忙跑到教室前面拍了几下讲台，就飞速地冲向了门外，把目瞪口呆的老师留在了教室里面。我跑到操场上，不知捡起了什么扔进了篮筐里，我敢说我是第一个冲出教室的。哈！哈！哈！哈！我甩着手，嘴里还说："啊！我要去打仗了！"我嘴里"嘟嘟嘟"地开枪，我手里到处乱丢"手榴弹"，我一会儿装死一会儿装活，惹得旁边的人都说我疯了。

突然，不知道为什么，操场一下子平静了，但过一会儿又热闹起来，我太高兴了。"哗啦！"一阵秋风吹过，我满头大汗地回到了教室。

点评

哎呀，哎呀，我好像也回到了童年，第一次下课，真的难忘。我真切地体会到了你那种抓心挠肝、如坐针毡的感受。能让读者有这样的感同身受，作文就成功了。

第一次扎辫子

金中实验小学　梅若琳

哇！头发长长了！"今天你自己练习扎辫子吧！"妈妈突然对我说。"好棒，终于可以给自己扎辫子了！"我兴奋地跳了起来。

可是，可是梳子呢？梳妆台上？没有。吊柜上？没有。"哎呀！"我低下头，看到我手上明明就有，顿时羞红了脸，好像干了坏事的孩子被抓到一样。好吧，开始梳吧！但是——梳什么呢？马尾？公主辫？蝎子辫？小辫辫？对了，就梳公主辫吧！我心想。我先照着镜子把头发梳顺，满脑袋的头皮一会儿这儿疼一会儿那儿疼的。"哎呀，这儿不顺！天哪，那儿也不顺！"我一会儿梳这儿，一会儿梳那儿，好像挑剔的国王见不得一点儿马虎。终于梳顺了。可是皮筋呢？结果我又把家翻了个底儿朝天，也只找到了一个。一个就一个吧！我抓一把头发，系上皮筋。"啪！"皮筋断了！我又从妈妈头上撸下了一根皮筋……好的，该夹夹子了，夹什么颜色的夹子呢？粉色，粉色吧！好的，夹上了，我的公主辫就大功告成了！

我在镜子前照来照去，比妈妈扎得还漂亮呢。

点评

呵呵，小女生的爱美之心跃然纸上，我好像看见了一个在镜子前跳来跳去的可爱女生。

第一次上学

琅琊路小学　薛蘅轩

我们班的陆沁遥和郭尔乐是我记忆最深刻的两个同学。

第一次上学的时候，我清楚地记得我坐在第一组第三排（还把书包放进了抽屉）。我向四周张望，第一眼就看见了陆沁遥，她个子高，本应坐在最后一排的，可她坐在了第一排。黑板上用彩色粉笔写着几个字："欢迎来上学！"还画了一头熊（胖乎乎的很可爱）。

老师开始分座位了，我和一位男生坐了。我想老师一定看错了，虽然他衣服很长，但看起来还是像男生呀！我连忙对老师说："老师，您搞错了！他是男生呀！""对啊，"老师说，"是一男一女坐的呀！"我回头一看，发现全班都是一男一女坐的！

郭尔乐也就是我的同桌，他很热情地和我打招呼："你叫什么名字？""我叫薛蘅轩。"我冷冷地说。他问呀问呀……问呀问呀……不一会儿我便和他吵了起来。只听见老师喊了一声："第一组第三排的同桌听课！"我们才停下来。

开学第一天真难忘！

第一次自己睡觉

仙林南外　金良轩

　　夜幕降临了，我该睡觉了，可是我坚决不睡觉，在地板上继续玩着乐高，不想睡觉。因为我老妈出去有事，不能陪我睡觉了。我不情愿地说："不要不要，我就要你陪我嘛。"妈妈摆了摆手，不怎么高兴地说："妈妈有事，下一次再陪你。"我心里是十万个不情愿，生气得像一个胀了气的皮球，比平时大了两倍，身后是一团团烈火在燃烧着。无奈，我是一个小孩，要听大人的话，只好硬着头皮去自己睡觉。我刚睡了一会儿，只听轻轻的"沙沙，沙沙"声，呀，又一声"丁零"。呀，我会飞了，飞向了封神台。

　　第二天早上，阳光明媚，向日葵向我点头，白杨树向我招手，喇叭花动情地向我吹奏着乐曲，小鸟对我唱歌……

　　我呼了一口气，"总算活过来了！"太阳从来没有这么好看过。

第一次愤怒

力学小学　汪秋妍

以前，我一直是妈妈身边的"小绵羊"，现在也是，只不过我也因她而愤怒过。

有一次，妈妈"啪"的一拍桌子，说："汪秋妍！你怎么能用冰凉的水来接待客人呢？！"我心一慌，身子一倒，大声说："我没有！"妈妈像点燃的爆竹，噼里啪啦地尖叫："你……你再……你再说一遍！！！"我又没做！怎么就怨上我了呢？我一怒，脚一踩，吼着喊："怎么了？怎么了？我才没有！你天天像老虎那么吼，我受不了了！"妈妈腰一叉，腿一跨，乌黑的头发像被蜜蜂蜇了一下，变成爆炸头了。她号叫着："你！你！你怎么能这样！"我毫不示弱："你才是！"妈妈听了我的话，很不高兴，都把我说哭了。我呢？就跑到阳台把客人叫来，说："我妈妈疯了！"客人一急，三下五除二，飞奔到客厅，大喊："齐飞，你没事吧？"妈妈一下被这个场面吓呆了，恨不得一下子坐在地上"哇哇"大叫。她静了一会儿，哭笑不得："妍妍，我错了。"我大叫："哈哈哈，投降了吧！"

最终我赢了妈妈，还得到了一颗糖，既开心又得意。

第一次洗澡

力学小学 管帅睿

某年某月的某一天，老妈对我说："你今天自己冲凉！""啊——？"不会吧……咦！太好了，反正今天让我进桶洗，呵呵。好！太好了！一到冲凉时间，我如野马般冲进洗浴间，又如海豚般游进了装满了水的桶。"噗嗤"一声，水漏出来了！我连忙爬起来用抹布擦呀擦呀……擦好了我又连忙回桶。我又拿起身边的一本漫画书翻起来。

这时，我发现一个奇怪的现象，不管怎么洗，都有个怪物在我身边，我想着想着……对，不看后面，因为后面有杀人鬼要杀我。不看前面，前面有只 100 个头、200 只手、300 张嘴、600 条腿的家伙。不看左边，有长方形小强要打我。不看右边，有一个幽灵要吃我。

想着想着，我竟在桶里睡着了。醒来时，连忙用 10 秒的时间穿好了衣服，可又发现没打泡沫。咳，重洗！

点评

哈哈哈哈，心理描写太形象了！

103

第一次"用筷子"吃饭

琅琊路小学 刘宇轩

一天，我要吃午餐了。我发现妈妈没有给我勺子，而给我递了筷子。我拿着筷子像拿勺子一样去舀西红柿炒鸡蛋的卤子，可是只舀了一点点。我再去舀，发现筷子不能舀卤子，就让妈妈把筷子换成勺子。

可妈妈说："中国人一定要会用筷子吃饭呀！"我只好拿着筷子去吃饭。我想：没勺子怎么舀卤子呀！突然，我想到一个点子：拿盘子把卤子倒到碗里。

我把盘子里的卤子倒到碗里后，发现碗里连一滴卤子都没有，但桌子上却全是。我暴跳如雷，气得想把筷子摔到地上，可我想了想妈妈的那句话，气消了。

我又去夹大白菜，可我怎么也夹不上来。我发现：先用两根筷子交叉成 X 形，再用力一夹，大白菜就夹起来了。原来用筷子吃饭这么简单！

点评

这个题目很难想到吧？还是个很有中国特色的作文呢。人生总有很多"第一次"，就是在战胜一个又一个的"第一次"之后，你才成长起来的。

改改更有趣

第一次做菜（改前）

三牌楼小学　王羿博

暑假的一个早晨，妈妈让我一个人做煎鸡蛋。我一直听说鸡蛋很脆，所以我用蚂蚁的力气将蛋放在碗边，可是鸡蛋纹丝不动，于是我往锅里死命砸去，这下鸡蛋碎了。然后我打开爆炒模式，再一下子倒了半瓶油。

鸡蛋溅得满天都是，我自己也早就吓得跑得老远了！过会儿我回头看时，呀！可怜的鸡蛋已经炸得不成样子了！散发出一股怪味！因此那天早饭变成了烂稀稀的芝麻糊。妈妈说我真是成事不足败事有余啊！总是那么浪费，家里的鸡蛋要像我这样用，肯定要买 100 个。

第一次做菜（改后）

三牌楼小学 王羿博

早晨，妈妈让我一个人做煎鸡蛋。我听说鸡蛋很脆，所以我用蚂蚁的力气将它在碗边轻轻碰了下，可是鸡蛋纹丝不动。我立刻恼羞成怒，抓起鸡蛋往锅里死命砸去，立刻"啪"的一声。然后我开始爆炒模式，再一下子倒了半瓶油。

鸡蛋如同发疯了的精灵般溅得满天都是，还发出"嘶嘶"的喊叫，我自己也早就吓得跑得老远了！等锅慢慢平静下来，我一看，呀！可怜的鸡蛋已经炸得不成样子了，看着像金黄的便便，还是各种形状的，有条形的，还有网状的，还散发出一股怪味！

妈妈唉声叹气地说我真是成事不足败事有余啊！总是那么浪费，家里的鸡蛋要像我这样用，肯定要买 100 个。

点 评

为什么这样改？小朋友，你仔细比较下前后两篇作文的不同。1.加入了两个象声词，作文就有了声音，作文要有声有色才好，所以记得能够加象声词的时候尽量加。2.加入了几个比喻句。作文里面有几个"像"就生动多了。比喻句考验想象力哟，加油！

金眼睛

偷 梦

力学小学　熊紫涵

　　昨天晚上，姐姐做了一个梦，那梦可好玩了，我恨不得自己也做这样一个梦，于是，我打算晚上偷梦。

　　晚上我在姐姐怀里放了一颗糖，所以她的口水直流三千尺。我心想：做个好梦。于是，我拿了一个白天准备好的吸梦器，打开一下。呀！赶紧关上，声音太大了，大得好像狮吼，仿佛糖果都在怒吼。我心想：姐姐一定会被吵醒的。可现实并没有，于是我小心地打开吸梦器，一股糖果味从姐姐的大脑里飘荡出来，吸完之后，怎么植入大脑呢？我把吸梦器对准自己的脑袋，一喷，梦被植入了。

　　我眼前一黑，代替姐姐躺在了床上，抱着一颗早已不香的糖果入睡。呀！糟了，刚入睡口水直流，我只能躺在唾液中入睡了，我恶心得太阳穴都快喷了出来，又弹了回来，就像弹簧一样。可是梦已经被水洗得一干二净了，而那个糖早已被水泡化了。这时，姐姐梦游回来了，和我在唾沫池中打斗，我赶紧打开窗让口水流出去，这就形成了楼底下的泡泡池塘。

　　下次，我想做梦要用吸尘器，吸走噩梦。

点 评

这个作文不要太有想象力哟。看，是不是什么都可以写呢！包括你的梦境。不要说没有内容可写，只是你懒惰的理由罢了。教给你们一个好办法，你每周发现一件别人、自己都没有写过的事情，一定要独特。只要这样长期坚持下来，就会有无穷的好处，锻炼了你的选材能力。你写的东西和别人都不一样，能够让看作文的人眼睛一亮。要知道，从小学到高三学生都要面临一件事情，就是"选材的独特性"。大部分的孩子越写越窄，尤其是背范文的那种孩子，写来写去就那么几件事情。可是如果你有意培养自己的观察能力，培养自己筛选题材的能力，那么你会发现，这个世界可以写的东西太多太多了。

《第一次……》这个题目看起来很简单嘛，为什么要单独拿出来学呢？"第一次"之所以难忘，是因为新奇。我希望孩子永远保持对事物的好奇心，看任何事情都像"第一次"那样好奇，保持"敏锐"。

如果一个人够敏锐，那么他活得就比普通人精彩。在普通人的眼里，一切都是那么平淡，可是在敏锐的人眼里，一切都是那么新奇。那么你的一生就顶普通人的好几辈子了，是不是很赚？

一个有好奇心的人，大概会"衰老"得晚一些吧。一个有好奇心的人，会觉得身边的任何事情都有趣吧。在好奇心的驱使下，我们总是要探索点儿什么吧？所有的"未来"都是有好奇心的人创造的。

"未来"，多么美好的词汇，我好想看看那个不远的未来，我们和"人工智能"是怎么和谐相处或者斗得你死我活的。作为人类的一员，我觉得保持好奇就是我和"机器"之间的一个差别吧。就算我不能战胜机器，至少我保留了作为人类的尊严。

第五章

思念

内容要具体

1. 马兰花的妈妈出差了，要走半个月，开始几天还好。一天中午，送马兰花上学的路上，她突然转过身去擦眼泪，我问她怎么了，她说想妈妈了。

2. 晚上睡得正香，有人拽我，睁眼一看是马兰花。她拖着哭腔说："爸爸，我想妈妈了，你看别的小孩都有妈妈，就我没有。"我说："你也有妈妈呀，只是出差了，过几天就回来了。""爸爸，那我心里难受。"我说："你难受怎么办呀？""我想哭。""那你就哭吧。"没想到这家伙张开大嘴就哭了起来，简直是惊天动地。

3. 过了几天，妈妈要回来了，我要去机场接她。马兰花说她也要去接妈妈，我说飞机很晚的，要下半夜才到呢，她说"那我也要去"。我说不行，她明天还要上课，不能去。她说那她在家等妈妈，不睡觉也要等。

4. 半夜里，我和马兰花的妈妈回到家。还没进家门，远远地就看见整栋楼就我家还亮着灯。

5. 打开门，看见孩子穿得整整齐齐，歪在沙发上睡着了，遥控器掉在地上，电视屏幕上显示着"再见"。看来人家真的等了，只是实在等不起了。

6. 马兰花有一本小小的日记，在日记里她是这样写的：

7. **5月8日 阴** 今天是我的倒霉日。吃饭的时候妈妈说要出差一个月，我一听心里就"烂"了，连我最爱吃的鸡腿都吃不下了。

8. **5 月 9 日 阴** 自从知道了妈妈要出差，我就很害怕妈妈走。晚上睡觉的时候我都要跑到妈妈的房间里，看看妈妈有没有不辞而别。

9. **5 月 10 日 阴** 妈妈今天走了。出门的时候她要我去亲亲她，我才不要呢。我装作不理她的样子，可是心里"烂"极了。生气的我把作业涂了个乱七八糟。

10. 可是等听到关门声音的时候，我真的受不了了。我跑到门口，一直跟踪他们到车站。

11. **5 月 11 日 阴** 从今天开始我每天在日历上画一个红叉，计算着妈妈回家的日子。

12. **5 月 23 日 晴** 今天中午上学的时候，响晴的天空飞过一架飞机。一看见飞机我就想妈妈，是飞机把妈妈带走了。等妈妈回来，我要和他们领导说，以后不要再派我妈妈出差了。

🔊 内容要具体

你看，这位小朋友的"想念"之情多么情真意切。虽然没有什么好词好句，但是却让我们很感动，因为她写的是真情实感。如果像冯巩在春晚一样，一出来就大喊："同志们，我想死你们啦！"大伙都笑了，因为我们知道他不是真的想。

说到"想念"，你又不是变脸王，你的脸上又没有写着"很想念"。心情变了，只要一变脸，上面又写着"很开心"。那不行，你要写出你是"怎么"想念的，关键词是"怎么样"。问你们一个小问题：马兰花是怎么想妈妈的？从哪里能看出来她很"想念"妈妈？你有过这样的感情吗？不见得非得是想念人的，想念小猫或者玩具娃娃都可以呀，你来说说你的"想念"之情好吗？

我要上春晚

同志们，我想死你们啦！

我的大作

1. 写一篇名为《想念》的作文。

2. 内容要具体。

3. 感情要真挚。

4. 选材要独特。

黄老师，我想你

力学小学　丁瑞桐

在三年级时，我们的英语老师是黄老师，后来换成了另一个老师。

黄老师年轻漂亮，又可爱。有一次，我考了 100 分，黄老师在班上表扬了我。下课以后，黄老师把我叫到办公室，给了我一大堆小礼物，她说："这作为第一次单元测试的奖励，希望你以后都能够考得好。"

新老师让我去办公室拿东西时，都会看见黄老师。要是黄老师在办公室，我就和另外一个课代表在办公室多待一会儿。我每次去厕所的时候都会去办公室看一眼，没有事也要找点儿事情出来，这样我就可以多看一眼黄老师。有时候，路过办公室的窗前，我都要蹦一下，就是为了要看黄老师一眼。

黄老师的声音像妈妈，上课的时候总是笑眯眯的。现在的新老师上课死气沉沉的，我坐在那儿像被雨淋一样。很多人问我："你最喜欢哪个老师呀？"我会不假思索地说："当然是黄老师啊！"黄老师，我们全班都很想念你呢。

点评

真情流露。作文其实不用学什么技巧，只要"有感情"地写，就一定很打动人，就一定是最好的文章。

想念我的睡觉时间

汉口路小学　刘雨洋

我最想念我的睡觉时间，因为我太喜欢睡觉了，下面基本上就是我一天的经历。

早晨，往往刚起来，我就又期待着下次的睡觉时间了。小时候，幼儿园允许我们九点到，回想起来那时简直太幸福了。而现在有时候作业要做到很晚，我一边写作业一边用眼睛瞟着卧室，幻想着自己躺在舒舒服服的床上，抱着枕头进入梦乡。

我跨上妈妈的自行车去学校，收拾好书包，开始上课了。"同学们，谁知道《水调歌头·明月几时有》是谁写的？"老师看我最近几天一直没举手，就说："刘雨洋！"我"噌"的一下站起来："李白！""错！""错？那就是杜甫？""错！""白居易？"我看着老师的脸从阳光明媚到乌云密布，心里害怕极了，好想赶紧进入睡眠状态，把这一切都忘个精光。

老天爷呀，什么时候才能让我睡个够呀？

点评

哈哈，原来睡觉是一种逃避的武器呀。人可以逃避吗？可以的，比如人会在极端情况下昏倒，这就是人体的一个保护措施。如果每次面对老师的"乌云密布"时可以昏倒，那么该昏倒的就是老师了。

别 走

银城小学 兰琪儿

暑假快要结束了，我和表哥表姐在一起的快乐时光也要结束了，8月23日那天，他们就要回云南了。

早晨，我看见客厅里大包小包的行李，好像心卡在了喉咙里，再看一看窗外明媚的太阳，我更不想让他们走了。下了楼，坐上车，表哥放了一首平时我最爱听的歌——《假如爱有天意》，可在今天，歌声却变得那么忧伤。往外看，绿色的小草迎风摆动，我的心也在动。

到了机场，我情不自禁地跟他们走到安检口，可那安检员对我说："小朋友你没有拿机票。""哦！"我清醒过来，表姐抱抱我，说："我们明年再来，再见！"我早知不该听这句话，因为眼泪已经冲出眼眶。

在回去的路上，我不耐烦地问爸爸："咋还不到？慢死了！来的时候好像才用了五分钟！""住嘴！"爸爸吼道，泪水又从我的眼睛里流了出来，不是因为爸爸，是因为表哥表姐。

下午，我写作业，魂根本不在体内，心也不知道去哪儿了，低头一看，呀？48+48=98？我再也无法控制情绪，一下子躺在床上，不知不觉睡着了。突然轻轻的开门声响起，"姐姐回来啦！"我一下子从床上跳起来喊道。"妈妈带你去吃饭！"原来是妈妈。唉，表哥表姐，我宁愿不上学也要跟你们在一起！

点 评

　　嗯嗯，我的眼泪都要下来了。孩子的感情真是太真挚了。有时候我在想，能够信任孩子的作文吗？真的会去机场检票处吗？爸爸没有制止吗？可是这有什么关系呢？为什么一定要是"真的"呢？这种感情是真的呀，她的心真的想跟着哥哥姐姐上飞机呀。

晴天，你快回来

仙林外国语学校　徐心瞳

今年暑假，我最思念的就是晴天了。从德国回来时，因为下雨，飞机晚点了。因为下雨，我的心情也不太好。总之下雨没有好处……

第一天，老天爷比较给面子，没有下雨。第二天变得很冷，第三天就更冷了。第四天，悲剧发生了，下雨了！我噘着嘴从酒店跑出来，一边跑，一边埋怨今天下雨，拖着行李往车那儿跑。坐到车上我大叫："呀，妈妈快和我换座位！那边有一摊水！"一下雨，鞋子把水带到车上，就会打出"叽叽滋滋"的声音，我一听心里就难受。我难受，我不高兴，老天爷也不高兴，它就下雨。我下车就说："快看，那儿有摊泥，别踩呀！"说着我又被一摊水滑倒了。我跺着脚说："讨厌，为什么偏偏今天下雨，为什么偏偏我要滑倒，为什么，为什么，为什么！"

每次都是因为下雨我才倒霉，每次都是因为下雨我们的飞机航班才会晚点，为什么每次都会下雨？我抬头望着天边翻滚的乌云，心里想着灿烂的阳光，想着美丽的太阳，想着干爽的微风。那个不太热不太冷的晴天何时才来呀？

点评

这个小朋友是个心思比较敏感的孩子，敏感的孩子写作文不是问题。可是面对生活呢，就会有点儿难。没关系的，生活也会眷顾你的，因为你的敏锐让你的人生体验比别人更有深度和广度。

妈妈，我好想你

长江路小学　王明月

星期三，妈妈乘飞机去了贵阳。周三晚上，我拿着妈妈临走前给我的 20 块钱去买了 5 朵康乃馨。我拿着妈妈最喜欢的颜色——粉色的康乃馨剥花瓣："1.妈妈迟回来；2.妈妈早回来；3.妈妈迟回来；4.……"

当剥到倒数第 7 片的时候，我已经打了十几个哈欠了，不行，一定得数完。

第二天是教师节，一共四个老师我只送了三朵花。另一朵粉色康乃馨我带回家放进了花瓶里。我抱着心爱的娃娃，嘴里轻声说："你有妈妈抱，我没有，我们身份互换一下，行吗？"

晚上，我习惯地喊了一声："妈妈，给我拿浴巾！"后来我才反应过来，妈妈在贵阳。睡觉时，床单上一大片湿的，都是水，其实还有眼泪，我都没法儿睡了。

星期五，我早上起来眼睛红红肿肿的，到了学校才恢复过来。下午，我连作业都没写，在床上蹦蹦跳跳："妈妈后天回来，妈妈要回来了！"外公说："还有两天，你还是先写作业吧，她又不是明日早上就回来……"

点评

孩子对妈妈的感情很感人，如果妈妈过几年看见了这篇文章，我们可以设想妈妈的心情和表情是什么样的。

想妈妈

励志小学　倪悠然

今天，妈妈和往常一样叫我起床。我揉了揉眼睛，伸了个大懒腰，从床上慢悠悠地坐起来。

我刷完了牙，向厨房走去。在我吃早饭的时候，妈妈对我说："我明天就要去出差了，要听爸爸的话！""好好好，我知道！"我懒洋洋地打了个哈欠，根本就没听。突然，我反应过来，立马睡意全无，"什么？你要出差？""对啊！"我妈不紧不慢地说。我听了心都碎成一片一片的了，头在嗡嗡作响，大脑里一片空白。

在上学的路上，我一直在发呆。到了学校，我看都没看一眼，只顾往前走，还好同学看见了，把我拉进教室。我在学校，老师喊我回答问题我都不知道。好不容易熬到了放学，我吵着要打电话给妈妈……

晚上我躺在床上，翻来覆去，怎么也睡不着，好不容易有了点儿睡意才睡去。第二天早上，一觉醒来，妈妈已经走了，我心里好像一个冰库，只要有水进去就会立马变成冰。

今天晚上，妈妈终于回来了。妈妈呀，你以后再也别出差了！

点评

这篇作文的细节很丰富，例如猛然醒悟，失魂落魄地走路。这样的细节不仅真实，而且也引起了读者的共鸣。

老屋

成贤街小学　刘若怡

我要第二次搬家了。

当我帮忙收拾东西时，无意中整理到一张照片。照片里，我笑得甜甜的。我今年 11 岁，望着照片里笑得甜甜的我，仿佛被时光带到了两年前。

那年我 9 岁，二年级，一次同学生日会将在我家举行。尽管我把家里都精心布置过了，但还是掩盖不住它原来的模样——漏雨的屋顶和简陋的房间。第二天，同学们都到齐之后，依依开玩笑地对我说："牛，真不是我说你！像你这么厉害的人怎么会住这种只有一个房间的屋子呢……"

等同学们都走了以后，妈妈说："快睡午觉，顺便把我和你爸的床也给铺好。""每次都和你们一起睡，都吵死了，我也要像依依一样有自己的房间！"我冲妈妈大声吼道。"钱又不是你赚的，还挑三拣四的！"妈妈瞪大了眼睛，"要不你去和依依一起住！"我揉着鼻子嘟囔着："每次都会这么说。"

可是一个下午，妈妈把我叫醒，"宝贝儿，新家装修好了，今晚就可以去住了。"我一脸茫然地望着妈妈，心里一点儿也不高兴。

晚上，我躺在新床上，闻着还未习惯的味道，睡着了。我做了一个梦，梦见了正等着被拆的老屋，觉得心里酸溜溜的，然后又发现了小时候我经常在上面弹跳的红沙发。醒来后，我的枕头湿了一大片。

　　时光又带我回到了现实，我望着手里的照片，心想，如果此刻我还住在老屋里，现在会过得怎么样呢？

点　评

　　仅从技术上说，这种反转就很棒了。可是我相信作者在写作的时候并没有事先安排好，而是跟着自己的思绪回到了童年的老屋。写作更多的是情感的倾诉，而不是精准的安排。

思 念

南京市月苑第一小学　王屹

窗外"呼呼、呼呼"刮着风，在这风声里夹杂着几声鸟叫，把我惊醒了，我下意识地往外婆怀里钻了钻，结果钻了个空，顾不得害怕，顿时一股心酸涌上心头，外婆回老家了。"外婆已经带你十年了，该让她放松放松了。况且你长大了，也该一个人睡了。"我脑海一直回响着妈妈的这句话，心里嘀咕着：外婆就不能再待几年吗？我还是个小孩子呀，偏偏现在走，等我再长大一点儿再走也不迟啊！我捧起了我的小被，攥在胸前，泪水顺着脸颊慢慢流下。我闻着小被，迷迷糊糊间我的枕头上沾满了泪水，我又睡着了，仿佛小被上还有外婆的香味。

第二天一大早，我给外婆去了一个电话。我生怕她听出我的伤心，于是就告诉了她昨天学校的趣事。我担心控制不住我的泪水，没等外婆说完就匆匆挂了电话。我暗暗决定，十一国庆节的时候，给她一个惊喜。

点评

我看得鼻子都酸了，尤其是那个小被子的故事，孩子的内心都是超级敏感的，大人恐怕很难留意到被子上的味道吧？还有给外婆打电话的报喜不报忧，小作者的懂事让人心疼。

金眼睛

中央路小学　汪芮伊

今天回家的路上，我在妈妈电动车的后座上悄悄站了起来。突然，我看见路人好像低着头，真像对我鞠躬，轿车的顶我也能看见。你看，这车顶上有灰，啊！啊！那辆车上有鸟屎，太好玩了！

这下子马路边的路人就像王宫里的大臣，我像国王一样。这时我想：如果姚明来了，我不就变成小兵了吗？我心里一阵酸痛，就怕姚明来。我心想，如果让我旁边的大臣把比我高的人赶到外国，那就好了。正在这时，妈妈说道："坐下。"我问："你怎么知道的？"妈妈说："我的背后长眼睛了。"马老师，你背后长眼睛了吗？

点评

让大伙写这个"金眼睛"，大伙写了吗？很多人会说没什么可写的，其实这篇《眼睛》就给我们提供了一个思路。我们都有走在马路上看路人的时候，可是这篇作文不一样，他换了一个角度看路人，站起来了。如果能够换一个角度，那么你就会发现这个平常的世界变得新奇陌生了，感觉像第一次看见一样，多好玩。

写给爸妈的话

　　小学作文只要解决了"内容具体"这个问题，基本就做到有话可说了。

　　虽然我总是强调感情，可是一切的感情都是孕育在"具体性"当中的，没有"具体"就什么都没有。不能说从"我特生气""我贼生气""我非常非常生气"就看出你的生气程度了，你要"具体"地说你气成什么样。举个事例，就有说服力了。

　　我不太鼓励用成语，所谓成语是现成的语言，没有个性呀。你不能一个"怒发冲冠"就完事了，我不知道你生气和岳飞生气有什么区别，你的个性在哪里。

　　简单说，"具体"就是"什么样"。你要说"天蓝"，蓝成什么样？你要说"糖甜"，甜成什么样？你要说"害怕"，害怕成什么样？你要说"楼高"，有多高？你要说"困"，有多困？总之要有这个意识，任何事情都描写一下，至少作文就有长度了。

第六章

战鼠记（上）

"动作！表情"最重要

1. 刚结婚那会儿我们没有房子住，只好借了学校用教室改建的小房子住。那里楼下有家饭店，所以走廊里总有老鼠出没。

2. 我刚到这里的第一天，就听见走廊尽头的车队办公室里面一片嘈杂。过去一瞧，只见好多人拿着各种家伙对着柜子使劲，只听见柜子后面传来像得了鼻炎的人一样的"吭哧"声。突然，一只老鼠蹿了出来，吓得值班大娘一蹦三尺高。

3. 有一天晚上回来得晚，我刚上楼梯就和一只老鼠狭路相逢。我特别怕老鼠，见到老鼠就像"老鼠见了猫"，基本就不会走路了。

4. 我们两个都吓了一跳，也许它跳得更高，竟然从楼梯的空隙中掉了下去，楼下传来"乒"的一声。我好激动，赶紧跑下去看看它的伤情。

5. 只见那只老鼠躺在地上正喘气呢，哈哈，没想到你也有今天。我拿起一个扫帚想给它几下，教训教训它。可是我只是轻轻地拍了老鼠一下，那只老鼠就被我拍醒，翻身"嗖"的一下跑了。

6. 第二天，老鼠就来报复我了。睡到半夜，我觉得身上一沉。这时马兰花的妈妈孙老师也醒了。

7. 还是孙老师英明果敢，一瞬间就制订了三个捕鼠方案。

8. 不过这三个方案都超出我的能力范围，后来只好找来车队值班的大娘把老鼠赶跑了。

9. 第二天中午回家，只见孙老师站在椅子上。

10. 我跑到车队搬来救兵，大伙拿着武器对准冰箱。

11. 可是打开冰箱门一看……

12. 原来我把早上买的鱼放在冰箱里忘记了，那条鱼在冰箱里冻得直跳。

13. 故事讲到这里先告一段落。前面的故事虽然看起来很有趣，可是读着却略显平淡。怎么办？教给你一个好办法，一定要记住：就是在作文里要加上人物的"动作和表情"。

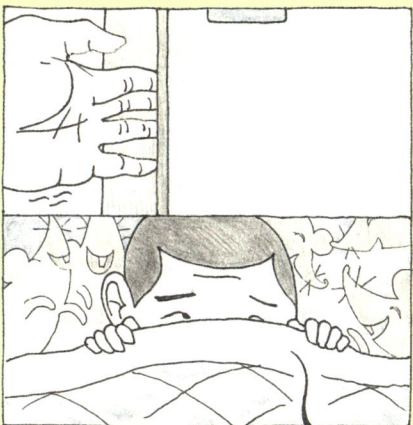

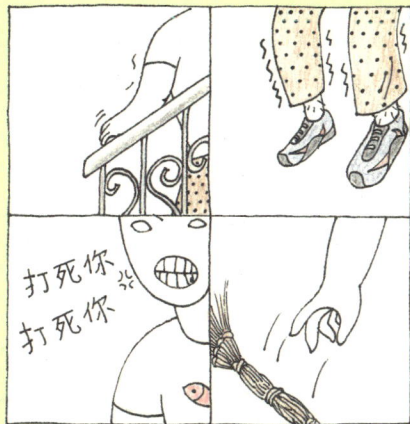

14. 先说说动作。动作能反映一个人的心理活动，所以写人最简单的办法就是多写"动作"。"我双腿抖得像筛糠一样，嘴里小声嘟囔着'打死你，打死你'给自己打气。我把扫帚高高举起，就是有点儿微微颤抖。毕竟长这么大还没有亲手结果掉一只老鼠的性命呢。我咬了咬牙，力拔千钧，势不可当。可惜雷声大雨点小，到了半路，那扫帚变成了痒痒挠，最后只是轻轻地拍了下小老鼠。老鼠在我温柔的抚摸下苏醒了，一溜烟就跑了。"你这么一写，人家就明白你的心情了。

15. 一定要有加入"动作描写"的意识，任何地方都可以加入"动作描写"。开冰箱门那段："我用左手握住右手，以免它抖得厉害。看着眼前的刀枪剑戟，我深吸一口气，猛地打开冰箱门。"老鼠来我家做客那段："一时间我觉得满屋子都是老鼠，赶紧闭上眼睛，把脑袋缩在被子里。"

16. 再说说表情。"只见孙老师脸色苍白，满脸流汗地站在椅子上。"

17. 但是这个太老土了，谁都会写，能不能来一个独特些的？"只见孙老师像石雕一样一动不动地站在椅子上，张着嘴半天说不出话来。"

今天学什么

📢 "动作、表情"最重要

孩子们总是担心作文写不长，教给你们个好办法。就是多加"动作描写"。在我看来，动作描写是最重要的写作方法。

你不能只用形容词来解决问题。"我高兴地说：'你来了。'他也高兴地说：'我来了。'"那么个性在哪里？每个人都"高兴"，可是每个人的表现不一样，必须用动作、表情来表现。"我拉着他的手蹦呀跳呀，辫子在脑袋上飞呀飞。我高喊着：'你来了，太好了。'他微笑着看着我，眼睛里都是笑意，好像那些笑的细胞都挤到了他的眼角里、眉头上，他也只会重复着：'我来了，我来了。'"这么一写不但生动了，而且也区别出两个人不同的个性了，一个活泼，一个内敛。所以说绝对不能仅仅使用形容词，除非是那种

作文中的配角，还是可以使用下形容词的。那么什么是形容词呢？前面可以加"很、非常、特别"的就是形容词，"很漂亮、很难吃、很难过、很勇敢"。在作文里面，当你开始用"很、非常、特别"这几个词的时候，就要小心了。

也不能仅用"成语"来搞定。"成语"是现成的语言，每个人用着都差不多，也是没有个性的。除非你能用出新意，让人看着新奇、陌生而又准确。否则所有的"高兴"都是"兴高采烈"，都是"神采飞扬"的。

"动作、表情"不光能写出人物性格，还能反映人物心情。小学作文很多题目都是写各种心情的。同样一句话，如果没有动作、表情，我们就不知道说话人是怎么说的。比如："你怎么还在下面讲话？你再讲话，我就把

你推出去斩首。"

如果没有动作、表情，我们还以为是老师温柔地抚摸着我的脸："你怎么还在下面讲话？你再讲话，我就把你 —— " 说到这儿，老师用手背在我脖子上比画了一下，"推出去斩首。"那么这是个温柔的、好玩的老师。

但是我们知道，一般情况下老师是这样的："老师猛地拍了下桌子，桌脚嵌进地板一寸。老师的声音在学校上空回荡，飞过的鸟都受了内伤：'你再讲话，我就把你推出去斩首……首……首……'"

教科书里教孩子在对话前面要有"提示语"，简单说就是"怎么说的"。可是我觉得"提示语"这个词只会把孩子弄晕，他记住了"提示语"这几个字，可是并不知道什么是"提示语"。还不如告诉他们"对话前面必须有动作、表情"来得直接。

即使是到了初中高中，作文也是需要有动作、表情的，可以说是事半功倍的一课。

好了，那我们来看几个范文压压惊吧。

我的大作

1. 写一篇有动作描写的作文。

2. 记住动作后面最好加上比喻。

900 度镜片

小营小学　杨霖坤

　　下雨天，我闲着没事，就偷偷把同桌的眼镜拿了出来，我想：同桌的 600 度眼镜再加上我的 300 度眼镜，一戴上，会出现什么样的效果呢？真挺期待的。

　　我把同桌的眼镜放在桌子上，用布擦干净，然后再把我的眼镜放到里面，两个眼镜重叠起来，再用胶带把两个眼镜粘起来。

　　然后，我偷偷摸摸地把这个 900 度眼镜带进了厕所，窝在墙角，四处望了望，然后警觉地拿出眼镜，往眼睛上一戴，感受 900 度眼镜的超高清晰度。

　　可是，事实总是不像人们预料的那样神奇。当我戴上眼镜的那一刻，真有一种地狱般的痛苦，据说地狱有十八层，像这种眼部疼痛程度只能算是刚进门的，第一层还没到呢。接着，我努力地睁大眼睛，可是什么也看不见，眼前就是一片灰蒙蒙的，就像是突然黑屏的电脑一样，眼睛也越来越痛。我直喘着气，不停地转圈，那只颤抖的手时不时地在脸上摸着，可就是摸不到眼镜。眼看着就要上课了，我急得直撞厕所的墙。不过，到了最后，眼睛却为我争了一口气，应该是适应了 900 度的环境，又慢慢恢复了视力，我趁这机会赶紧把眼镜拿了下来。

　　回到教室，见同桌在找眼镜，我马上还给了他！这种感觉对于戴眼镜的我，应该是有些心理阴影了。

点 评

这个动作描写很好，非常连贯，一个动作接着一个动作。人在做动作时不可能只做了一个动作就定住了，肯定是一连串的动作，所以写"动作"要写一串。

酸奶条被抢了

小红花艺术学校　何星仪

　　"砰砰——啪啪——"小区门口开了家超市，门口正放着鞭炮。一大清早，我就被吓醒了，妈妈说："我们去看看吧。"于是我就跟着去了，买回一包酸奶条。回到家，我迫不及待地把它拆开，跑到阳台，对着鹦鹉小白摇着手里的酸奶条。开始小白吓了一跳，羽毛竖起，像个刺球，眼睛瞪着我。我也吓了一跳，走路走得像个机器人。但我还是在小白面前大口大口地吃了起来。

　　不一会儿，小白也想吃了，开始盯着我走来走去……最后，竟然开始撞笼子。我怕它撞死了，就把笼门打开。一打开，它就向我飞过来，爪子一把抓起了口袋飞到空调上。我大声叫道："酸奶条被抢了！"小白在空调上大口大口地吃了起来，还不时摇晃着脑袋。我想拿扫帚打它，它却用屁股对着口袋，意思是，你要是打我，我就大便，妈妈也没有了办法。

　　后来它整个身子都钻进了口袋，出也出不去，飞也飞不起来，像被网住的鱼，"噼里啪啦"地扑腾着，可把我笑死了。

马老师 PK 蚊子

古平岗小学　王麓玮

今天马老师在课上指着一个同学说："你来回答问题！"那人刚站起来，这时，"啪"一声巨响，老师在这个同学的头上猛地一拍，整个教室为之颤抖！"这几天忘关窗了，蚊子有点儿多。"话音未落，又是"啪"一声，这回是在窗户上，整个窗户差点儿碎了，又听马老师大叫："哪里跑！"又是"砰砰""啪啪"，四架蚊子战机被击落了。"现在我们继续上课……"又是"啪"一声。"好，我们接着往下讲……""啪！啪！"马老师满教室打，我们跟着叫好，马老师只好说声："下课。"

不下课还好，一下课就不得了了，几个同学大叫："找到了！找到了！"一个蹦，三个笑，像疯了一样。真有几十只蚊子躲在墙角上，"冲啊！"大家像发疯的公牛一样冲上去。笔盒、水杯、花露水，各种各样物品打向蚊子。"一只、两只！"我拿来花露水，"嚓嚓"地喷，可没想到花露水落到了我眼睛里，害蚊不成反害己。慌乱中，我又一脚踩到了同学脚上。再看马老师，手里举着一本书，一会儿蹦，一会儿跳，一会儿使出一招"举火烧天"，一会儿又来"神龙摆尾"。他张着大嘴，眼睛不时随着蚊子的飞行轨迹转悠，活像呆子一样。不用上课，光看他了。

都怪早上来得太快

拉萨路小学　张清越

"唉！英语作业又没做完，再过几分钟就要上课外班了，可是我的课外作业本比豆腐还清白。唉！都怪早上来得太快了，预估今天我不会有好下场了！"我自言自语。今天是星期六，一大早我就被烦人的作业"吵醒"了。"该写作业啦！"妈妈说着，向我扔来了书和作业本，然后，"砰"，关上门……

屋里的我撑着脑袋，嘟着嘴，用笔头在桌子上点着，发出了"咚咚"的声音。"啪！"烦死我了，我抓耳挠腮，像只挠痒痒的猴子，笔好像不听使唤了似的，只在那空白的纸上画着。

我时不时抖动着发麻的手，眉头紧锁，汗水像雨点般流了下来，一挥衣袖就带来阵阵凉气。作业就像洗脑机，作业就像挤汗器，当我挤破脑袋思考每一道题的时候，脑子总粘着"愤怒"两个字。

"咔"，门开了，我连忙装出一副认真的样子，心已经跳到了脖子根，血液都凝固了！

唉！早上晚点来多好呀！

点 评

　　这个作文的动作描写很有特点，基本都是在动作后面加上了"比喻"或者"夸张"的修辞手法。这样写就不像只有动作描写那样单调、干巴了。所以同学们最好学会在"动作描写"后面加上"像什么什么"。

抽 血 记

瑞金路小学　周芷欣

　　我以前很怕抽血。有一次我生病了，医生说要抽血，而且是在臂弯处。妈妈要带我去抽血的地方，我很害怕，不停地后退。妈妈像赶羊似的，好不容易把我带到了抽血室。医院里一股刺鼻的药味，坐在椅子上的病人仿佛很麻木。我希望很多人排队，可是很遗憾，第一个就是我。

　　只见护士拿出一根皮管，还有一根细长的针。那针很细，还是空心的，闪着寒光，仿佛一戳就能把我的身体抽空，让我立马就变成扁扁的三体人。针已经举起来了，那针就像一根空心的长矛一样。我觉得它马上要扎到我的血管和心脏上，像一只巨大的蚊子的嘴对小小的我虎视眈眈，还像一个吸血鬼要吸掉我所有的血。护士突然拿起皮管绑在我的胳膊上，然后观察了一番，把针一下子戳进我的臂弯里。我身子一抖。我发现连着针的管子立刻变红了，装血的瓶子充满了血。不一会儿，护士把针拔了出来，其实也没那么疼。

　　太棒了，结束了，我觉得自己长大了。出门后，我一边在前面跑，一边回头对妈妈喊："好想再来一针呀！"

点 评

写作文就是要在需要的地方适当夸张、放大。如果你不放大那根针的恐怖，我们怎么能够相信"你长大了"？我不怕打针，我打一针就长不大，那你打一针怎么就长大了呢？因为对你来说，那不是普通的一针，那是长矛，是毒刺，是吸血鬼。

报分风云

力学小学　赵唐那文

　　今天，万里无云，因为我们要出成绩啦！"老师宣布'圣旨'啦！"董森大大咧咧地走上讲台，用粘满米粒的"狮子嘴"大吼。"逃难"的同学们像后头有只疯狗追着一样，都在躲"米粒炮弹"。我躲在桌子底下等着听"圣旨"，双手直冒汗，手心握着笔杆子，好像"祈祷"一样。老师终于发布"圣旨"了。

　　我想：哎呀，会不会不合格？不会啦！会不会看错题？不会吧！好紧张。我用手捂着耳朵，留了几个指头缝听成绩。突然，我听到一个好听的名字，"赵唐那文……"我双手捂着胸口，心里喊着救命。"优！""啊？"我情不自禁地喊出来。我的天！我的天哪！不会是听错了吧，我赶紧掏掏耳朵，把耳朵掏得比我的口袋还干净。老师随后让组长发卷子。我同桌逃去厕所了，不想知道成绩。而我都想作诗了："不知成绩是多少，不要胡乱猜测了！"

艰难的决定

拉萨路小学 宋雅馨

学小提琴，是我的决定。

当我第一天去上小提琴课时，我悄悄地打开教室门，小心翼翼地观望着周围，里面传来好听的琴声。我轻轻地把琴盒放下来，踮着脚走了进去。就是那天，我下定决心，要学小提琴。

只是过了一年，我见到小提琴就烦，哪怕前方有个琴盒，我都会绕着走。听见琴声就会捂上耳朵。

今天我坐在桌子前，连饭都吃不下，两只手紧紧握在一起。我看了一眼饭碗，轻轻地拿起筷子，但就在放进嘴里时，我毅然把筷子放下来。尽管家人在耳边大声说话，可我只看见他们的嘴巴在动。我拿起杯子，咕咚咕咚地喝了起来，然后用手帅气地抹了下嘴，头发一甩，杯子"哐当"一声伴着我的决定一起打破。我心想，筷子放下了，杯子放下了，那决定也该放下了。

我猛地起身，眨了下眼，对着琴盒摆了下手……

点 评

　　仅仅用动作就把心理活动表现得这样淋漓尽致，不容易。用"动作"表现心理的好处就是一切尽在不言中了，更含蓄，给读者留了思考和想象的空间。这个学生五年级，你们注意到了吗，她的比喻句和上一篇那个三年级的孩子比就少了许多。加油，孩子们，马老师希望你们一直有旺盛的想象力。

抉 择

力学小学 赵钧楠

　　抉择有小的，比如说是吃炸酱面还是吃牛肉面；抉择也有大的，大到是生存还是死亡。我也有抉择，就是要不要偷玩手机。

　　游戏是每个男孩都爱玩的娱乐项目。"哒哒哒"，我拖鞋的声音回响在房间里，尽管父母不在家，我感觉自己的脸也在抽搐。

　　我在床上上摸下摸，终于找到了期盼已久的手机，我的第一意识是警惕地向周围看看。其实根本没有必要，家中没有人。然后我打开手机，刚要点屏幕，忽然爸爸的话在客厅里回荡，像播音器一样："不要干那些偷偷摸摸的事，你干过的事我也干过，安心学习才是你的根本。"我突然睁大眼睛，刚要摸到屏幕的手又像触电似的缩了回来。想起爸爸妈妈临走前的嘱咐，我不由得攥紧手机，仿佛下一秒手机就要丢失。我心跳加快，因为无法选择而在家里乱转，一会儿看看钟，一会儿惊恐地跑到阳台上，慌乱地俯视着楼下，好像爸爸正大踏步向家门走来。

　　我一会儿想起我以前偷玩手机被骂的事，一会儿看着手中的手机。我像一只没头苍蝇在家里乱撞，当又看到爸爸的照片时我如临大敌，手里的手机"啪嗒"一下掉在地上，我脑袋里全被胡乱的思绪包围，心脏像被看不见的大手抓紧似的。

　　为了"安全"，我还是把手机放了回去。我放弃了，最后我还是回到了座位上奋笔疾书。"决定"是容易的，但"行动"是困难的。

焦急的等待

赤壁路小学　方悦宁

期末考试，6月13日，这天我永远不会忘记。

那一天，我连续考了三门，下午四点多到了家，妈妈没在家，她去学校开家长会了。我心里像吊了一块巨石做的鼓一样，这鼓一边被鼓槌敲一边还乱摇晃。我心里总是嘀咕："作文会不会跑题？单词会不会写错？"进厕所洗手时，我无聊地捏死一只虫子，马上又向老天求情，原谅我不是故意的。这时，窗外有什么鸟在"喳喳"叫，我一口咬定那是乌鸦。

看电视时，我在沙发上扭来扭去，一会儿横在茶几上弄头发，一会儿窝在沙发靠枕上吃爆米花。电视演的啥根本没看进去。我既想知道成绩，又怕知道成绩。我真想像一只土拨鼠一样钻进地里，像无人机一样飞到外太空。

"丁零零"，电话铃声响起，这电话铃声就像我通往天国的倒计时，如果我是小偷，那铃声就是警车的鸣笛。我真不希望那是妈妈来电，如果接了，我就不会等得这么苦了。最终，我颤抖着拿起电话。"我语文多少分？英语多少分？数学多少分？"一拿起电话我就大吼，估计电话那边的人得短暂失聪。"您好，这里是绿地海天房产……"还没等他说完我就放下电话，身子一软，又瘫倒在沙发里。

电视里不时传来阵阵鼓声，那声音好像锋利的锯子刺在我的心脏上。天哪！我到底考了多少分啊！老天爷，赶快给我一个了断吧。

点评

心情写得好，那是因为动作写得好。不仅动作好，还有比喻句，还有夸张。只有动作，看着像剧本，没有了作文的灵动和文学性。最好再加点儿比喻句，作文里面要是有几个"像"就好多了，就基本符合老师要求的"好词好句"了。而且比喻句也考验想象力，因为你总是要用一样东西比喻另外一样东西。

看 墨 囊

赤壁路小学　汝婧仪

　　我有个好朋友，他叫丁子睿，他可好玩了。他上课时干什么总是跟我们不一样，语文课他搓橡皮，数学课他狂笑，音乐课他跑步……因为这事儿他被老师找过好多次呢！还被老师拉到办公室去哩。最可怕的是他有几次还差点儿被老师赶回家。

　　他的好奇心很强。有一次我送给他一个墨囊，他把墨囊的盖子打开，到走廊上冲着阳光，昂着头，眯着眼，好像在看什么机密一样仔细地研究那个墨囊。突然，墨囊里的墨喷了出来，溅了他满脸墨水。我看到了，急忙把纸递了过去，他眯着一只沾满墨水的眼睛摆了摆手："我不用纸，谢谢！"我好奇地站在那儿，看他下面要做什么事情。没想到，他竟然用手抹了一把脸，举起手，先闻闻，再伸出舌头尝尝，朝地上吐了两口，说道："这东西是苦的！"我看了，被逗得哈哈大笑。

　　我该不该也学学他呢？看，他那么开心。

偷 看

中央路小学 杨乐君

快期末考试了，妈妈又给我卷子做了，这些卷子都很难，不过，有标准答案，嘿嘿。

这张卷子很难，不是一般的难，照我的话来说，简直是初中的考卷。妈妈说，她相信我的人格，不会看答案，所以要去公司忙一下，马上回来。我那张忧愁的脸马上变得快活起来，看答案喽！等妈妈走后，我轻手轻脚地跑到门口，把门打开一条缝，四周瞧瞧，再把门关上，心里念道："心平气和，心平气和。"手也跟着做动作，但心脏还是像大锤子在砸，怦怦直跳。我又摁了摁太阳穴，太阳穴的血几乎不流通了，我给自己的脑袋做了一个全面按摩，心才平静下来。我轻手轻脚进了书房，心里纠结，如果我看答案得了满分，但妈妈问我为什么，我不知道怎么回答，何况妈妈学了读心术，懂我的心思，那我岂不是完蛋了？如果我不看答案，那考卷上错那么多，我还是要挨骂，至少比上次好，可是错一题要做 100 道口算题啊！如果……我的心好像被撕成了无数碎片，又有无数只手互相拉扯着。

最终我没抄答案。

金眼睛

三道杠

无名氏小朋友

每次我去上学都遇到这种景象：

一个小男孩大摇大摆地走到小区门口，从口袋里掏出一个耀眼的"三道杠"，然后慢悠悠地戴上，好像要让全小区的人都知道。戴好了之后他就走在路上，高扬着头，扬那么高，我都怕他看不见路，肩膀还一抖一抖的。等看见了旁边指着他的人，听见了旁边有人议论他，他就把头抬得又高了一点儿。

可是到了学校前的路口，他小心翼翼地取下了"三道杠"，偷偷塞进口袋，低头走进学校……

点评

这篇文章没有作者名字，我都以为"小男孩"就是作者自己呢，呵呵。这件事真好玩。这个小男孩无论是谁，都很有意思。

写给爸妈的话

　　很多书教了孩子们很多所谓的"写作方法"。把这些东西总结好教给孩子，孩子好像进步很快，可是却失去了自我发挥的余地。我发现永远都是二三年级的孩子作文最生动、活泼、大胆、出格，慢慢地，孩子们就变得循规蹈矩了。想想也是，如果开始写作文的时候嘴里念叨着"加环境描写，来点儿动作，后面要有比喻句，后面还要有对话，再来个'心想'，就好了"，那作文能是"自在之物"吗？

　　开始不这么教，孩子的进步就很"缓慢"，没有办法，我也妥协了。但是我努力找到孩子们能接受的方式，去告诉他们一些"方法"。其实"高分"真的那么重要吗？它比孩子的童真更重要吗？它比说"心里话"更重要吗？它比肆无忌惮、天马行空的想象力更重要吗？

　　所以说，有时不会什么"写作方法"也没什么，孩子一样可以写出好玩、神奇的作文。

第七章
战鼠记（下）
舍得删减

1. 在和老鼠朝夕相处的日子里，好像对老鼠也有了些感情。我买了一个非常逼真的塑胶老鼠放在家里，打算吓唬孙老师。我把塑胶老鼠摆在房间的各个地方，可是孙老师走来走去就是看不见。

2. 隔壁邻居就是楼下饭店的老板。老板姓范，老板娘姓何，他们的儿子叫范何——"饭盒"。正巧范何来我家玩，看见假老鼠，拿着就跑。

啊，我再也不敢了！

3. 一会儿，楼下饭店就传来范何凄厉的哭声。

爸爸，你看这是什么？

哎呀

4. 原来范何拿着假老鼠去吓唬他爸爸，老范比我还怕老鼠，据说当时吓得把手里的大勺都扔了。

5. 后来我们有了自己的房子，就不再住那里了。因为要装修新房，所以家具什么的还没有搬走。

6. 有天我回到这里取东西，看见房子里乱成一团。肯定是进来老鼠了，可是找遍房间也没有发现老鼠。于是就买来老鼠药放在了地板上。

7. 晚上回来的时候，刚进门就觉得脚底下软软的，开灯一看，原来是一只怀孕的大老鼠。搬家的时候才知道原来老鼠这次真的藏在了冰箱里，它拿了那么多棉花，是为了在冰箱的下面做窝。

8. 再后来，我们就生了一个属鼠的宝宝——马兰花，从此以后，我们就幸福地生活在了一起。

老师也会错

现在我们又来到了《老师也会错》环节。为什么要设计这个环节呢？其实想想看，老师也是普通人，他肯定也会出错。如果在课堂上我们能够指出老师也错了，那我们该多自豪！你来看看，这篇作文有什么缺点？

如果老师讲的故事算作一篇作文的话，那么这篇作文怎么样呢？是不是太啰唆了？说了那么多事情，一篇作文

哪里容得下？虽然真的发生了那么多事情，可是作为一个作者，他要学会剪裁手中的材料。不是什么事情都要写的，只留下那些最精彩的部分就好了，而不是按照时间顺序把发生的事情全部写下来，都写就变成流水账了。

遇到流水账的时候首先做减法，和主题无关的事情统统不要。回想一下，

老师的"作文"讲了什么事呢？主要就是一件事：我和孙老师与家里的老鼠作斗争！如果想把这篇作文写好，只要紧紧围绕这个中心来写就可以了。其他的什么楼道大妈、车队司机、饭店老范发生的事情，跟这个中心关系不大，可以砍掉。

要把我和孙老师与老鼠战斗的过程写完整：发现老鼠、害怕老鼠、想方设法消灭老鼠、战斗结果。这几个要点写清楚了，我这篇作文就成了。

最后，教给同学们一个小技巧：作文里面最好只有一个"有一次"，因为这样就有重点了。如果实在写不长，写两件事也行，但是要注意有详有略。还要注意尽量把"还有一次""又有一次"

神秘地隐藏起来，比如"在和老鼠朝夕相处的日子里，好像对老鼠也有了些感情"。这样就把"有一次"隐藏起来了，人家看着就不会烦、不会晕了。

我的大作

1. 写一个故事，什么都行，但是只能写一件事，作文最好只写一件事。

2. 这一件事还得有重点，最好是写这一件事的一个精彩的片段。作文呢，就是把时间段挤得越短越好。

大 扫 除

芳 草 园 小 学　　陈 韵 洁

今天周二，班里又要大扫除。这次大扫除的主题是"还我干净清爽大教室"，领头的是我们的班长。

班长是个三好学生，但一想这帮无法无天的孙猴子，头就大了，自言自语道："一群毛猴！"

于于是个手脚利落的小不点儿，打架也利落。这次他主动要干拖地的活儿。他利落地跑到后门去拿了拖把，在走廊间利落地摆动着拖把，连水溅到墙上也不管。他四肢发达头脑简单，采用了江湖绝技——正面拖地法。就等于是拖了一遍又踩了一遍，所以他永远也拖不干净。

偏偏这时班长来检查了。班长看了满是泥泞的地板，大吃一惊。于于根本没注意到班长，一甩拖把，污水扬了班长满身满头。"啊！我的裙子呀！"她的眼睛瞪得像大梦初醒，嘴巴里足可以塞下一个榴莲。于于才回过神来："嗯？"但他连班长的影子也没看见，因为班长早跑去告老师了。

擦黑板的阳阳同样令人崩溃，他拿着打湿的刷子，边擦边唱："我就爱劳动！劳动使我快乐，都说劳动最光荣，我说劳动最……"他一点儿也不专心，忘记把粉笔拿出来，粉笔全湿了。班长看了摇摇头说："不可救药！"

实际上全班同学都很不高兴，因为粉笔湿了，老师不能写字了，我们也就不能做笔记了，这样的大扫除每个月一次就够了。

点评

大扫除的时候发生了很多让人哭笑不得的事情，开始的时候这位小作者凭借良好的记忆力几乎把所有有趣的情节都写进去了。这也不行，都写进去就没有主次之分了。就选两件最好玩的事情来写。

大家都爱水

拉萨路小学　徐睿晗

"哗啦啦"，卫生间用的水是全校最多的！

自从学校装修了卫生间之后，大家不想洗手也要跑进去玩会儿。

有一次，我上完卫生间，突然一大堆孩子冲了进来，她们从低年级到高年级排出了门，我只好站在后面。只听见里面传出"哗啦啦"的水声，每个洗完手的孩子都甩着手走出来，小手红红的、嫩嫩的。

终于到我了，水流划过手掌，又清凉又舒服，水花很漂亮，还有亮晶晶的反光。水流溅在水池里，声音很好听，很清脆。可是，后面的小弟弟小妹妹开始催促了，我得赶快离开。

我渴的时候，要喝水。我累得出汗，要用水洗脸。我的衣服脏了，需要水来洗。我吃的饭，也离不开水。

我们要爱护水，珍惜水！

我不要我不要睡觉

琅琊路小学　高卫

"这一天，可能要在床上度过一整天呢！"

这一天，要到三亚游玩，因为飞机晚点，所以妈妈硬让我在宾馆熬一天。我低叹道："如果我会分身术，变成两个人，一个人睡觉，一个人玩，那该多好！这样像植物人似的在床上躺着，还不如让我变成植物人呢。"

要是就我一个人就好了，可是爸爸在身边就没办法。躺在床上，我睡也睡不着，起也起不来，嘴里嘟囔着："人有睡不着，月有不转时。但愿睡得着，千里没睡意。"

过了一会儿，已经把我逼到极限了，身子不由自主地动，好像身上有一千多条虫子在爬，恨不得站起来大叫一声。爸爸打开了电视，我只看到一行字幕："明天再见。"真是精神崩溃，大脑缺氧，四肢无力！我看着眼前的一切，似乎木乃伊被法老祝福而复活，它们在嘲笑我不能动弹，我气得脸都白了。

就在这时，听到一句话："起来吧！"我终于被释放了，眼前的一切好像被解冻了，身上的每一个细胞都在为我欢呼、跳动，像吃糖一样开心。可就在这时，睡意袭来，我只能倒头就睡。

点评

　　孩子们老是说没有东西可写，其实发生在你身上的每一件事情都值得记录。你看这位小同学，把在床上的无聊都写得这样有趣。事事可写，关键看你是不是有一颗敏锐的心。

指甲大餐

力学小学　裴曼伊

"裴曼伊，你手又放嘴巴里啦？"我是个爱咬手的小女孩，我的指甲从来不劳指甲剪费力，因为它还没长长，就已经被我啃秃了。为此，家里所有人都深感苦恼。

在我眼里，十根手指头长短不一，味道、口感也款款不同。大拇指的指甲最脆，咬起来就像刚炸出来的薯片。食指、中指最为肥美，就像大闸蟹的蟹黄似的，回味无穷！无名指和小指鲜嫩，像芝士虾球似的，每一口咬下去，都能爆出芝士的惊喜。真是好一手"天下第一美食"啊！

可惜，好景不长！看着我近乎血肉模糊的手指，妈妈下了最高级的命令——一个月之内不许咬手指，否则暑假旅游取消。真是晴天霹雳啊！当我情不自禁时，妹妹就会速速去报告，当我嘴痒难耐时，妈妈就会拿出各种水果堵住我的嘴。都说度日如年，这一个月我简直是煎熬啊！我发誓解禁后我要来一顿报复性的咬手大餐。

"来！我给你修理一下指甲！"就在我解禁的那一天，妈妈又出了新的"幺蛾子"。妈妈变戏法一样拿出一整套工具，都是对付我的指甲的。在指甲刀、死皮剪、锉条等工具的轮番伺候下，我的每一个指甲盖都如丝一般顺滑，就连我最爱吃的中指老茧也统统不见了。很有艺术细胞的妈妈开始在我小小的指甲盖上作画，蓝的、粉的、紫的，一笔笔地精雕细琢。好看的东西总是赏心悦目，我的心欢呼雀跃着，妈妈还真是创意大王啊！

周一上学，"哇！好漂亮啊！"我的好闺密六六第一个发现。随着她的声音，一群同学纷纷围了过来。"这是梵·高的《星空》图案吗？""好漂亮啊！你自己画的吗？""可以教教我吗？""你的指甲怎么这么滑啊？""真没想到，手指甲可以这么好看！"我像是明星似的，被围得里三层外三层，大家把我的手好一顿夸，我高兴得像土耳其上空飞行的热气球，直冲云霄。

暑假旅游时，我好几周都没修指甲，肚子里的馋虫联合脑子里的瘾又蠢蠢欲动起来。可是看着那些美丽的指甲，我又有点儿舍不得了。我把手指放在嘴边又拿下来，拿下来又放回去，这样几次之后，我猛地从床上坐起，穿上衣服跑到小区里。那时候天已经黑了，我拼命地跑，跑到筋疲力尽，摇摇晃晃地回到家，一头扎到床上就睡着了，而且没有梦见"指甲大餐"。

点 评

　　这个作文好就好在选材太棒了。文字又这么生动有趣。看得我都觉得指甲很美味，有咬一咬的冲动。这还是一个很典型的"总—分"结构。

懒睡"夭折"记

北京东路小学　陈伊灵

我盼星星盼月亮，终于盼到了美好的懒觉双休日，本想享受一次懒觉的我，却因为老天太不通情达理，一个美妙的时刻就"夭折"了。

早晨，太阳照到了床上，我睁开模糊的眼睛，突然心里一惊：不好，几点了？上学要迟到了！我赶紧穿好衣服去刷牙，瞟了一下钟，才6：20！闹钟，你耍我啊！而且今天星期六，不上学！于是我揉了揉眼睛，换下衣服，又倒头睡着了。

当我梦见满树挂着又大又甜的大桃子，正垂涎三尺时，突然山崩地裂，所有东西顷刻间消失得无影无踪。

我猛地坐起来，耳旁传来"呼噜——呼噜"的声音，那声音不亚于电闪雷鸣，不亚于拖拉机！我睁开眼睛，但那声音仍不停向我袭来，没有一丝罢休的意思。我摇了摇头，忽然想起老爸今天也休息，这个"千载难逢"的睡懒觉时刻他怎么会错过呢？这一定是他的杰作！

忘了告诉你，我爸打呼噜可是打遍全家无敌手，他要是熬了一夜没睡，敲锣打鼓放鞭炮，也不一定能叫醒他。我实在不能忍受了，大喊道："老爸，别吵了！吵得我没法儿睡了！闭嘴！"

突然，打呼噜声一下子停了。一切变得安静下来。嗯，老爸今天表现不错，值得表扬！我正暗喜，"呼噜"的声音又向我冲来！

唉，老爸——

点 评

　　重点是老爸破坏了你的清梦，那就使劲写老爸的呼噜。"忘了告诉你"一段不要了，就写写老爸的呼噜有多响，你听了什么感受，可以稍微夸张些，就突出了老爸呼噜的杀伤力。

夜晚的上海路

拉萨路小学　胡文熙

晚上，我独自走在上海路。

汽车通畅地在马路上行驶着，偶尔有几声喇叭声，周围的店铺亮闪闪的，但几乎没有人逛，那个店长跷着二郎腿在那儿看着手机。

接着，我来到一条幽长的小巷，一个外国人骑着自行车从我身边飘过，噢，好刺鼻的香味呀！酒吧挂在门外作装饰的酒瓶，在一阵秋风中发出清脆的响声，而里面的外国人，一会儿发出"咯咯"的笑声，一会儿聊着天。无聊的大黑狗趴在门口，摇摆着尾巴，伸着舌头"哈哈"地喘着气，而那酒吧里的歌声让它安静。

突然，从远处，飘来那让人心旷神怡的桂花香，桂花树旁的灯光，照在桂花叶上，像一片金树林。

不远处，一只黑猫"喵喵喵"地从树林中蹿出来，那只猫看到我就发出那响亮的"喵"声，接着，又蹿进树林，身后发出"唰唰"的声响。

小巷两旁的房屋渐渐地从明亮到黑暗，接着，整条小巷，只有那一处微弱的光芒……

点　评

　　这篇作文写了好几样东西，但是并不让人反感，因为每样东西都稍微描写了几句。作文就是"多说几句"，别懒，每样事物都多写几句，也可以避免"流水账"的嫌疑。有的段落说三句，有的段落说五句。这样有长有短，有变化，看着就舒服多了，不会让人有烦躁的心理。

　　这篇作文有一个优点值得我们学习，就是里面有很多"象声词"，作文有了声音，感觉就活了起来。我们要学习呀！

金眼睛

勇 气

建邺路小学　尹施宇

有些人的勇气是踢足球当守门员，有些人的勇气是玩过山车玩第二次、第三次，而我的勇气是吃大蒜头。有一次，我吃饭时想起老妈说现在有许多小孩都得了感冒，让我多吃大蒜头。我从冰箱里拿出今天才买的大蒜头。

我闻了闻大蒜头那味道，闻得我都想吐，就更别说吃了。可是如果不吃会生病，怎么办？最终我还是决定吃，又闻了闻那味道，我浑身颤抖，似乎快要晕倒。我头晕脑涨地闹了十分钟，在椅子上一动一动的，像一条泥鳅一样。我越看越害怕，看到大蒜头就像见到鬼一样。爸爸妈妈都在旁边鼓励我，我屏住气把大蒜头放到嘴里。顿时，我崩溃了，那味道实在是太难吃了。大蒜头的味道是又辣又苦，比八角还难吃，比生姜还难吃。

我足足喝了两杯水，才咽下去。顿时我感觉长大了，我的勇气又增加了许多。我一口气连续吃了一整个蒜头，爸爸妈妈都表扬了我。

今天我长大了，我又增加了许多勇气，我知道了勇气能让自己的胆子变大。

点 评

　　这个作文选材好，《勇气》或者《战胜自己》这样的作文孩子特别容易写成励志文章，选的大多数是如何战胜懒惰、不认真这样千篇一律的文章，这个同学能够选"吃大蒜"这个主题还是挺新鲜的。越是到了高年级，"写什么"就越重要。

写给爸妈的话

孩子写作文最容易写成"流水账"，一个原因是孩子思考问题的方式就是线性的，习惯按照真实的时间顺序写东西，但是不知道怎么抓住事件的重点。还有一个原因就是老师逼的，很多老师总是片面追求作文的字数，就会逼着孩子写流水账。因为什么都写一点儿，作文就有长度了。但是这样做的危害特别大，除了逼着孩子写流水账，主要是让孩子眉毛胡子一把抓，没有学会裁剪手里的素材、归纳整理有用的素材为主题服务。"抓重点"是一种思维方式的锻炼。让孩子学会抓住事件的主要部分，一次只解决一个问题。就是所谓的"中心明确"。"中心明确"了，才能有的放矢，才能集中优势兵力做最重要的事。真正掌握了"抓重点"，也培养了孩子的专注能力，对今后的学习和生活来说都是一个很好的处理问题的方法。

所以说，语文学习也是思维方式的训练。

第八章

添油加醋要有度

加上想象更精彩

1. 一天，我朋友老张的爱人带着孩子从老家来看他，两口子要去逛街，就把孩子托付给我看会儿。这小家伙一岁多点儿，流着口水，小脸上都是皱，看着怪可怜的。我想领她买个香香什么的擦脸，下楼的时候接了个电话就把她忘了。结果看我不抱她了，她咧着小嘴往我身前扑，扑了个空，脸朝下摔在了地上，"哇哇"大哭。

2. 怎么哄也不行，一看，刚长出来的两颗小牙把嘴唇磕破了，好在是里面，外面看不出来，属于内伤。但是出了点儿血。怎么办？给她玩具玩玩吧，"啪"，扔地上了。

3. 再给个不怕摔的钥匙，拿起来就扎我。"哎，不行，这个不是这么玩的。"又放嘴里了，"咔嚓咔嚓"咬，"啊……"又开始哭，牙花子又硌破了。

4. 我赶快抱着她去超市，买了个棒棒糖才不哭了。她边吃，口水和着血水边往身上流，满身都是看不出是血水还是糖水的东西。怎么办？一会儿怎么和她爸爸交代？刚吃完糖又开始哭。再买点儿什么？有了，买瓶葡萄汁吧。喝半瓶，另外半瓶倒身上，掩盖血水。但是葡萄汁颜色太浅，盖不住血色。

5. 有办法，去饭店要点儿酱油，我洒她身上点儿！效果也不好，还是浅。有办法，回家！我回家找出来一盒水粉颜料，画上红点儿，这回像了。不对呀，太像了，太像血了，满身都是血了。如果葡萄汁像的话可以说是喝葡萄汁洒身上的，如果酱油像的话可以说是吃水饺吃的，水粉怎么回事？总不能说我领她去颜料铺了，弄一身颜色吧？

6. 有了，多亏我学美术的。拿出笔来，画了根枯枝，点点血迹就权当梅花了。好看，我怎么这么有才？

7. 晚上她爸爸来接她了，问："叔叔好不好？和叔叔玩得好吗？"孩子不会说话，我替她说："好，我们玩得可好了，是吧？我们喝的葡萄汁，还吃的饺子，你看弄满身酱油，还和不和叔叔玩了？"

8. 她爸爸看着孩子身上的梅花直纳闷，好像出门穿的不是这件衣服。孩子张着小手要打我。"好，真有礼貌，还和叔叔拜拜呢，拜拜！"

小朋友们听完这个故事都笑了：你怎么这么有才？真的假的？我只能告诉你差不多是真的，百分之七十是真的，剩下的百分之三十是我编的。孩子摔了是真的，往身上倒葡萄汁、酱油什么的也是真的，但是没画梅花。小孩那么小，还不会想报复我。就算张着小手，可能也真是要和我拜拜，不会是要打我。

那小朋友说了，你骗人，你这个骗子，我们老师说了，撒谎不是好孩子。

这个和撒谎不一样，撒谎是为了得到好处或者逃避惩罚，我这样做只是为了让这个故事变得更加好玩。很多时候一个真实的故事可能没什么意思，不那么好玩。为了增加可看性，我们可以在真实基础上添点儿油，加点儿醋。

作文不见得非得写真实的、已经发生的事情，只要看起来像真的就行。比如这件事，我不说，你们怎么知道我哪里是真的哪里是假的？

但是"添油加醋"也要注意分寸，不能"胡添乱加"。让人一眼看出来是编的，就穿帮了。我要是说"我把孩子浑身上下画满了图案，冷不丁看着像俄罗斯套娃似的"，那就不行了，太夸张了，成科幻大片了。

注：本章插画由吴锦瑟小朋友完成

我的大作

　　任何一个会讲故事的人，在讲的过程中都会不自觉地添油加醋，为的是让故事更加吸引人。作文不一定全部都是真实的。作文其实不怕编，只要你能够不被老师发现，就是高手。咱们今天就随便写一个故事，然后你要"添点儿油，加点儿醋"。

可恶的橡皮糖饺子

天津经济技术开发区第二小学　王安然

正月初一那一整天，我狂打饱嗝不止。这还得从除夕夜的年夜饭说起。

那天外面不时传来"噼噼啪啪"的鞭炮声，我们全家聚在一起包饺子，我特意包了一个橡皮糖馅儿的饺子，然后期盼着吃饺子的时候到来。饺子上桌了，热气腾腾的，我第一个就拿着筷子，戳进饺子堆里扒拉着，结果没发现，所以我就只得采用最老土也是最管用的办法——一个一个地吃。我吃了好多，吃到翻白眼也没有发现那个糖饺子，我吃啊吃，还是不见它的踪影。我不甘心，于是越吃越多，就是吃不到橡皮糖饺子。原本好吃的饺子，现在我一看见就想吐，肚子吃得圆滚滚的，像个大皮球。我大声询问："有谁吃到了橡皮糖饺子？"可是大家齐声回答："没吃到。"

后来奶奶倒煮饺子的剩水时，发现了那个橡皮糖饺子。原来，因为我包了两颗橡皮糖，全都化成了糖水，导致那个饺子太沉了。我们都知道饺子煮熟的时候是会漂上来的，但那个沉的饺子却落了下去，才会没有找到。

我把那个饺子吃了后，打出了一个惊天动地的大饱嗝，这一嗝可不得了，家里人全都笑开了，我尴尬地笑着，说："我也不想打嗝。"爸爸妈妈教训我说："你小子，吃这么多饺子不打嗝才怪。"我羞红着脸，跑回房间，重重地躺在床上，结果差点儿把饺子都荡漾出来。

那天真尴尬呀！

点 评

哈哈哈哈，我边看边笑。这才是最好的作文，好玩，能让读者笑，多难得呀，你们看哪篇儿童作文能笑呢？有意思比有意义重要。

搞笑的妈妈

金中实小　丁思娴

今天,我写完了作业,想下楼玩一会儿。因为妈妈在厨房烧饭,抽油烟机发出"嗡嗡"的声音,油锅也"噼里啪啦"地响着。我问妈妈:"妈妈!妈妈!我能下楼玩一会儿吗?"

"啥?下午打一会儿?打什么呀?"正在厨房烧饭的妈妈头也不抬地问道。

"是下楼玩,不是下午打!"

"啥?下蛋挞?"妈妈拎了拎自己的耳朵,心想:我没听错吧?

"你的确听错了!"我哭笑不得地说。

过了一会儿,妈妈才端着盘子从厨房里走了出来,问:"到底是什么呀?""下楼玩!"

"哈哈哈!"全家都笑了起来。

点评

　　故事本身就非常有趣,所以完整地叙述出来就很好了。尤其是和妈妈之间的对话,幽默搞笑,唯一的不足就是缺少一些比喻。我们在写对话的时候加一些符合心情的动作和表情,就更具体了。

　　这个故事确实是真的,可是小朋友记不住当时具体说了什么让妈妈产生了误会,我就说你随便编一段对话吧,反正没有人知道当时真实的情景,只要别让人看出来是编的就好。

难听的歌声

长江路小学　周昕琳

　　有一天，我们去上音乐课，老师让我们分成里圈和外圈。我们走进音乐教室，坐了下来。

　　老师放起了《春天来了》这首歌的伴奏，前半部分和后半部分我们唱得都很好，可是到了中间部分老师说要唱成"跳音"，班上几个男同学就在那里大叫，其中就有坐在我后面的那个郝同学。他的歌声就像一只乌鸦在喊叫，不，乌鸦听了都会往下掉。我连忙把耳朵捂了起来，跺着脚，转过身对他喊："你这是在唱歌，还是在喊叫啊！"这时，连老师也把伴奏停了。老师生气地说："你们如果再这样唱歌，我就不教你们了。"

　　郝同学嘟着嘴，为难地说："老师，你不是让我们唱跳音吗？所以我就跳着唱了。"

　　这就是我听过最难听的歌声。

点评

"他的歌声就像一只乌鸦在喊叫，不，乌鸦听了都会往下掉。"他的声音太难听了，怎么难听的呢？"声音"很难写，又不能简单说"好听""难听"。可以用夸张的手法来写，"乌鸦听了都会往下掉"，有点儿意思！

扔 粉 笔

力学小学　谷秋鸣

　　我很喜欢读书，时时刻刻都离不开书，连上课的时候也会看书。有一天上语文课，我埋着头把课外书放在抽屉里看。

　　"哇！"我突然看到了火山，"砰"，火山爆发了！啊，我正看着火山爆发的一段，太精彩了！一块石头砸中了我的头，温的，而且还是硬的，嘻嘻！我运气真好，在千里之外的沙漠火山爆发的时候，居然有块火山岩砸中了我的头。石头从我头上滑了下来，哇，白色的石头，不对，好像是粉笔，没想到还真是粉笔。一摸，怎么是热的？肯定不是火山岩吗？心想离这么远的地方被沙漠里的火山岩砸到是不可能的吧。我抬头看看四周，惨了，我是在教室里，一定是老师生气了。老师看见我正在看课外书，把已经被手握得发热的粉笔扔向了我，还是认真听讲吧。

点评

　　这也太夸张了吧！你居然能把老师的粉笔头想象成火山岩，而且还是热的。你不是想象力太丰富就是分不清幻想和现实。不过这个作文看着好过瘾呀，作为读者，我都跟着你体验了一次火山爆发。

真要人命的过山车

北京东路小学　史锦成

星期天，妈妈带我坐盼望已久的过山车。

我走上过山车，坐在第一排，等待着过山车的开始。

不久后，过山车开动了。起初，开得非常慢，我以为一直都会很慢，便心想：原来过山车都开得这么慢呀，一点儿都不刺激，早知道不来玩了呢。事实证明我想错了，因为，过山车在一个拐弯处就突然猛地加速——差不多比飞机还要快！

在加速后，过山车就一直高速向前开着。风把我的头发猛烈地往后吹，头发像被风吹倒的芦苇，一排一排地倒了下去，没来得及擦的鼻涕粘到了我的额头上，眼睛也被风吹出了眼泪（我有沙眼）。

突然过山车来了个急转弯，我眼前的铁轨、风景都消失不见了，猛地现出了地狱之门的景象：地狱之门打开了，里面黑咕隆咚，乌烟瘴气。地狱之王——魔鬼——满脸狞笑，一边"嘎嘎"怪笑着对我说道："来吧，来吧……"一边向我伸出他肮脏的手。好在不一会儿地狱里一点儿东西都不见了，原来过山车之旅结束了。

我踉踉跄跄地回到了家，睡了好长时间才稍微好一点儿。

我发誓，再也不坐过山车了！

点 评

　　我也坐过过山车，没有这么吓人吧。"比飞机还要快"，你咋不上天呢？但这是一个"夸张"的修辞手法。这是一个很好用的修辞手法，一定要学会呀。其实不用学，每一个孩子都善于夸张，尤其是那些喜欢"吹牛"的小孩。不过在我看来，吹牛是个锻炼想象力的好方法。

早 晨

琅琊路小学　高筱珊

　　今天是星期四，是我的幸运日。我踏上了去学校的路程，可是眼前这些事情根本就不是幸运日该发生的事情。本来我家离学校很近，但是今天走起来就像从中国到美国一样远，每一辆车子都向我冲来，好像跟我有仇似的；每个人都像行尸走肉一样，失去灵魂，在匆忙地往前走，眼睛里的正能量全都熄灭了。我打了一下脸，特别疼，完全不是在做梦，这个时候我害怕得都快尿裤子了。我的心一半想往前走，一半想放弃不走了，最后我的眼睛发出了彩虹之光，一步一步地走向了学校。

　　到了学校里，我感觉像妈妈在抱着我，校园里全是桂花的香气，小鸟叽叽喳喳地叫着，像是在开心地对我说"你好，你好"，很温暖。到处都是同学们的吵闹声，多亲切呀，我心中的害怕没有了。到了班里，我推开了透明的窗户，教室被打扫得干干净净，我开心极了，小声地说了一句："太棒了！"

点 评

　　这里的对比非常好，前面是恐怖的路程，所以后面看见平时很普通的校园才会有温暖的感觉。但是别忘记，正是因为前面写的人间地狱的景象，才让后面的"温暖"变得合理可信。

芹菜也疯狂

长春市汽开区第九中学附小　王樱瀚

这件事已经过去一周了，我也笑了一周。最近看到奶奶我就忍不住笑。

这天，奶奶手里拿着一捆什么东西，像小偷一样放进了冰箱。奶奶走后，我打开冰箱，可看到的居然是一捆芹菜。心想：搞得这么神秘，居然就是捆芹菜，难不成它有什么特殊之处？

第二天，大壮（一楼奶奶养的鸡）才刚打鸣，奶奶就悄悄下楼了。我好奇地趴在阳台向外张望，心里有马上就解开一个秘密的那种兴奋。只见奶奶开始和邻居奶奶们聊起了家常，什么昨晚吃的啥，哪家超市有优惠啊。

不知怎么，一楼奶奶就说起来昨天做的芹菜水饺不错、很好吃，六楼奶奶也附和着说芹菜新鲜。这时一旁的陈奶奶突然说老韩住院了，其他奶奶的表情瞬间石化，好像被《哈利·波特》中的巨蛇凝视过一样。

奶奶们听完后，迅速起身以超人般的速度四散"飞"回各家。只听"咚咚咚"，奶奶在门外大喊大叫："快开门，快开门。"我打开门，奶奶一把把我推到一边，直奔冰箱，嘴里大喊道："芹菜呢？"老爸在厨房接嘴："妈！你是闻着味回来的吧！芹菜我刚炒好，正要叫您吃饭呢。"奶奶一听大叫一声："别吃，老韩中毒住院了。"我被这突如其来的一下子吓得把筷子都掉在了地上，"噗噗"地往外吐嘴里的芹菜。奶奶扑过来抠我的嘴，爸爸也吓坏了，举着一碗水喊："喝水，多喝水。镇定，别慌，我马上打 120……"

　　这时奶奶的电话响了，"喂！啊？老韩是崴脚了？"放下电话，奶奶瘫软在椅子上说："吃吧！没事了，这捡的芹菜没毒。"我这才明白奶奶为什么神经兮兮的。全家也进入到疯狂的大笑模式中……

点　评

　　这一惊一乍的，我都跟着七上八下了。你敢说这些都是真的吗？你确定在窗台上偷看了？你确定爸爸会说"镇定，别慌，我马上打120"吗？毕竟爸爸到现在都不知道发生了什么。哈哈哈哈，我给家里人念了这个作文，别说你们家，连我们家都进入到疯狂的大笑模式中。

太 生 气

力学小学 马宇轩

今天走得匆忙，忘记带铅笔盒，被老师说了。可是，还有两个同学也笑我："你没带文具，还来上什么学？"我一听，气得火冒三丈，老师说我就算了，他们还说我！

我一拳把课桌打成了五段，一口把我的书包吃了下去，用力一跺脚，把天都给震塌了。我走到哪里，地就裂到哪里。我横闯赤道，地球就撕成了两半。可他们还在笑我，我更气了，"哇"的一声哭了起来。我不停地哭，眼泪"哗哗"地涌，不一会儿就把教室淹了，接着把学校也淹没了。所有人都在我的泪水里游泳，校长说那我们正好来把马宇轩的眼泪晒干了变成盐吧，今年所有人都不要买盐了。

于是，我们全体开始祈祷太阳热烈。终于，他们不笑我了，我也不再哭了。

点评

这个也太有想象力了。我们知道这是你幻想出来的，但是这么想想，我觉得真过瘾！我很佩服你的想象力，这样下去，地球就容不下你了。

浮 潜

鼓楼一中心小学班　颜金童

今天早上，我吃牛奶泡谷物。我先倒了满满一杯牛奶，然后把谷物倒了进去，谷物就浮在了牛奶上。

这时，我觉得这一杯牛奶仿佛成了一片浩瀚的汪洋大海，而谷物却在上面悠闲地"浮潜"。它们不时发出阵阵"嗞嗞"声，好像在开心地欢呼，它们几个几个地挤在一起，好像在玩耍。这时我用勺子把它们压了下去，准备喝牛奶，于是它们发出的"嗞嗞"声更大了，好像在议论："你干什么，呸……呸……我都被呛死了，哎呀，真难受！"我才不理它们呢，用勺子使劲一挖，一勺谷粒便已掌控在我的手中。我张大嘴巴，"啊呜"一口就把它们给"活吞了"。它们在我的嘴里"嘎嘣"直叫，好像在说："救我，救我，救我！"但无论它们怎么叫，我也不理睬，我似乎变成了一条凶猛的大鲨鱼……

想到这儿，我不禁"噗嗤"笑出了声，一条鼻涕差点儿掉进碗里。我擦了鼻涕接着玩，不接着吃。这实在是太好玩了！

零食

致远外校　田珈睿

虽然我不胖，可是我却被爸爸妈妈称为"无底洞"。

我最爱吃零食，可谓是零食王国的人看到我就知道自己厄运难逃！

零食，多好呀！看书累了，吃零食。伤心的时候，吃零食。考好了，来包零食奖励自己。考砸了，来包零食安慰自己。总之，只有零食能带给我快乐，带给我温暖。

一般来说，每两周爸爸就会给我买一些吃的，不过到了暑假我被禁了零食。"写完作业啦！"我左手拿着作业，右手拿着铅笔，接着往头后一扔，这才叫爽！我一蹦一跳地出了书房。我以为家里还有雪糕，就打开冰箱。没想到，我的最后一根雪糕已经被妈妈吃了。

我翻箱倒柜找了半天，也没有看见零食的影子。哎，只见一个熟悉的包装盒进入我的眼帘，薯片。我猛扑过去，却撞在了垃圾桶上。那是昨天被妈妈扔掉的空盒子呀。我怀着万分侥幸的心理打开盒盖，希望还有一片漏网之鱼。没有，但是在盒子底部还有一些小渣渣，我连忙把这些小渣渣倒在手心里，像捧着宝贝一样把它们送进我的嘴里。可是还有些掉在了地上，我就趴下来用舌头舔起来。最后呀，我对着空盒子狠狠地吸了几口气，甚至把盒子扣在了鼻子上，这才无可奈何地放过了它。

点 评

哈哈哈哈，你不至于吧？我觉得你还可以把盒子泡在水里，然后使劲晃，再把水喝光，才能体现你对薯片的尊重！

激动的一瞬

理工大学附小　陈炫宇

　　下午的阳光照射在大地上，大地散发出灰色的雾，好像燃烧了。

　　随着学校广播的通知，我快速地来到楼卜，排队准备四百米跑步。我被阳光晒着，汗水在不断蒸发。我们被分成几组，每组六人。我们是最后一组，即使是这样，我也紧张得不轻。

　　我的心在"咚咚"直跳，加上闷热的暑气，我的汗一滴一滴落到草地上，感觉整个人都要被汗水浸湿了。随着前面几组的结束，马上就轮到我们组了。

　　老师用旗子把我们指挥到位置上，快要准备跑了。这时，我感觉一切都静止了，所有的声音也都静止了，只看见树叶在随风飘。老师在张嘴，却听不到声音，只有我的心在"咚咚咚"！

　　我开始感觉脸发烫，激动得想吐却又吐不出来。我感到十分难受，耳朵一直听不见声音。当老师要准备让我们开跑时，我只看见旗子在往下挥，哨的声音在随风回荡，有种飘飘欲仙的感觉，感觉魂魄飞上了云霄。当我意识到是要跑时，又感觉眼前的景物随着风快速地动了起来，声音又听得见了。但这次也只是风的呼啸声，我的心跳由快渐渐更快。我呼吸急促，"呼呼"地喘起粗气。终于，我冲向了终点，眼前又一片景象，好像梦幻的仙境，一片亮丽。

　　半天，当我清醒过来时，眼睛才又看见了正常的景象。

风雪山神庙

三牌楼小学　许川玥

　　我顶着风雪来到山神庙，庙里一片漆黑，我随便拾了些树枝勉强生了堆火。"呼——"一阵寒风穿过破败的门从缝隙里吹来，直刺进我的心里，让我想起了悲伤的往事。

　　"没想到他竟是我的假朋友！"我跺跺脚，抖掉身上的雪，"当初他竟然让两个差人来杀我，还把我逼到这个地步！"我眼睛里冒着火，那是火堆的反光。

　　我原来那么高高在上，可现在就像从天上掉到地狱，岂有此理！

　　"噼啪，噼啪！"火不停地烧着，似乎在替我叫屈。"噼啪，噼啪！"我想火在说："他们这些小人，真该死！"

　　可除了火以外，没有人理睬我，只剩下那无边的黑暗。

　　我握紧拳头想："如果他在我面前，我要用枪刺穿他的身子，把他的头割下来，踩几下都不解我的恨！"

　　我不由自主地往前走，哦？是一尊佛像。佛像的两颗宝石制的眼珠早已被百姓们挖了去，身边的判官的头在夏日里便融化，到了寒冬，又凝结成了一片蜡冰。另一个小鬼断了条腿，在寒风中摇来摇去。墙壁上布满了蜘蛛网，供台边的一块石头下压着几卷烂经。一看到佛，我不禁开始诉说自己的苦难，"他们让我家破人亡，害得我……他们死了也不解我的恨！"我气得头上烧起火来，握紧拳头，浑身颤抖，像头得了疯牛病的牛。我心里想着要消灭他们，"我要把他们打成肉泥。"

我一边喝着酒一边吃着冷牛肉，那堆火越来越小了，"噼啪，噼啪"。

点评

为什么把庙里的情景写得那么逼真呢？是因为要烘托这种凄凉的气氛。为什么还要加上火光、蛛网、经卷这样的细节呢？就是为了引起读者的共鸣。

疯狂足球人

鼓楼区第二实验小学　李张睿

今天，我们像流星一样飞驰而去，到白马公园"大开杀戒"。

一到白马公园里，我们便开始踢足球。我方张宏伟一个全力大飞腿，只不过球没飞，他人却原地转了个两三圈，差点儿弄了个小型龙卷风，最后又跌了个"狗吃屎"。我哈哈大笑，把肚子都当成了一面大鼓，敲得"嘭嘭"作响。我好像是在笑的世界里荡漾，久久不想出来。

不妙，我方输球了，我大怒。终于轮到我了，我一个世界大飞腿，那球如一个手榴弹，令两排小草竖起。鸟儿一见，可不得了，变成了石像一样，一动也不动，掉下来差点儿砸到人。对方阵营中谁也不敢来接球。不好，真有一个不怕死的小子，东跑西蹿招了一群不怕死的小毛头组成了一个敢死队，来接我的球。我的球正在喊着："小子们来吧！来吧！快快投降！"

真的是太可惜了，后来球不但大幅度降下了速度，还被他们接住了，最终双方打了个平手。但是，我们就是独一无二的疯狂足球人。

　　哇，多么生动的语言。非常夸张，而且都是原创，都是孩子自己想出来的新词。什么"小型龙卷风""世界大飞腿"，看着就过瘾。这个作文写出了一种喜气洋洋的欢乐感，好像孩子的那种强大的生命力都蕴含在这些有力的词汇里。

　　家长以为作文一定要写真实的，其实不是这样的，写作是一个创作的过程，怎么可能没有虚构呢？就算是一篇号称"绝对真实"的作文，也会不自觉地"添油加醋"。会讲故事的人都明白"添油加醋"的重要性。还有可能是作者的记忆出现错位了，因为人的记忆力不可能百分百靠谱的。既然这样，那就多夸张点儿又何妨？很多时候真实的故事并不吸引人。比如《红海行动》这个电影很精彩，说是由真实事件改编，可我知道撤侨的时候是没有开枪的。如果真按照真实事件来演的话，就没有人喜欢看了。

　　其实说白了，写作考的是"想象力"。哪怕这个故事没有一点儿真实的成分在里面，但是你只要让读者看不出来就行。毕竟没有一个侦探跟着你，在你朗读作文的时候突然跳出来说："你撒谎！"

　　尤其是那种写童话或者神话的文章，明明是假的，却一定要写得"像真的"。比如哈利·波特坐在扫帚上，我们知道没有人会骑着扫帚飞，但是为了迷惑读者，就要写"哈利双手紧握光轮 2019 的手柄，他感觉到一股气流在慢慢升起，他的长袍也跟着舞动起来"。为什么要这么写呢？就是要迷惑读者，让人相信嘛。

　　有人说编的东西没有感情，也不是，其实人类的感情是共通的。虽然这件事可能是假的，但是一定有和这件事相似的事情是真实的。比如孙悟空这个人物是凭空想象出来的，可是他的人物魅力还是真实的，所以就打动了读者。否则怎么解释我们坐在电影院里看着虚构的故事还哭呢？